河出文庫

鬼とはなにか

まつろわぬ民か、縄文の神か

河出書房新社

まえがき——「おに」の原像

漢語では、「鬼」は死人を意味する。なにしろ「鬼」という字は、毛髪がわずかに残った状態の白骨を意味する象形文字である。

周代から漢代にかけて成立した『礼記《らいき》』に、こうある。

「死人をなにゆえ鬼神《きじん》というのか」と弟子の宰我に問われて、孔子は「人が死ぬと神《じん》（魂）は天に昇り、鬼《き》（魄）は地に帰る」とあって、この問答が「鬼神」の語の初出である。魂は精神、魄は肉体の本質で、人は死して鬼神になるとしている。後に鬼が冥界の獄卒となるのもこの辺りが原点であろう。

しかし日本では、それ以前からあった「おに」という大和言葉は、「かみ」と同類の畏敬すべき何者かを意味していた。

その「おに」という大和言葉に「鬼《き》」という漢字・漢語を当て嵌めたことで、神は荒ぶる姿を現した。「神の道」であったものが、「鬼の道」に化けたのだ。

その結果、「鬼」という漢字を「かみ」と訓ずる習いは早くに消え去り、「おに」と「き」のみが残った。それは「神」と「鬼」との分化あるいは分裂である。

そんな現状をふまえて、「おに」とは、本来は「隠《おぬ》」の字を充てるのが相応《ふさわ》しいと指摘したのは折口信夫である。隠れている、見えない存在、つまり「かみ」と同義であるとした。

私も、これを否定するつもりはない。

ところがこれを語源とする説が流布されていて、現今ではあたかも定説であるかのようになっているが、これは誤解の元である。


そもそもこの語義説はさほど古いものではない。もし隠が「おに」の語源であるという定説を認めるならば、「おに」という大和言葉が「隠」という漢字の輸入以後に生まれたことになってしまう。

しかし隠を「おん／おぬ」と発音するのは呉音であって、これが輸入されたのは古くても飛鳥時代の半ば頃であるだろう。とするならば、「おに」が生まれたのは、飛鳥時代の半ば以降ということになるが、もちろんそんなことはない。日本の「おに」は、はるかそれ以前から存在したのだ。

そもそも「隠」という漢字が輸入されてから「おに」が生まれたというならば、そんな面倒なことをする必要はなくて、同時期に入っていた多くの漢字の中から、最初から「鬼」という漢字を採用していればよいことであって、なにも過渡的に「穏」の字を使う必要はないということだ。

つまり、隠という漢字に「おん」という音があって、これが大和言葉の「おに」に似ていたからこれこそが語源ではないかと、おおかたあわて者が前後倒錯して結びつけたのだろう。折口は「語源」などとは言っていない。相応しい、と指摘したのみである。それは意味をより深く解釈するためのヒントである。

「いない」「目に見えない」という意味の「お・ぬ」という大和言葉は『万葉集』にも見えるようにもともと大和言葉にあったものであるが、これに「隠」という漢字を充てたのは、意味が近似であったことに加えて、「おん」という発音が「お・ぬ」に似ていたことも理由であったことだろう。漢音では「いん」なので、少なくとも呉音全盛の時期時代に採用されたということは判別できる。

かつて「おに」は、「もの」とも「かみ」とも呼ばれていた。

それが漢字を充てられたことによってそれぞれ意味が分かれていった。

縄文期に「はな」と呼んでいたであろう言葉に「花」と「鼻」を当て嵌めて、植物と人間とを画然と区別したように、無用の区別がそこに生まれたのである。「もの」は「物の怪《け》」となり、「かみ」は「神さま」となり、「おに」は「鬼畜生」となった。漢字の罪であろう。

かつてこの国には、いたるところに神がいた。山や森、川や海、さらには風も太陽も月もことごとく神の居場所か神そのものであった。それはわが国の伝統信仰である神道《かんながらのみち》そのものである。

そして不思議なことに鬼の居場所も、しばしば山奥や森の中、海の中の離れ小島、そして雲の上で風の袋を抱えていたりする。それについては私たちの先祖が伝承文学や大和絵などに無数に描いてきた。つまり、神と鬼とは栖処《すみか》が一緒なのである。

ついでにふれておけば、神の道、すなわち「神道《しんとう》」は、もとは大和言葉で「かんながらのみち」といった。

後に漢字漢語が輸入されて、神奈我良道、神長柄、乍神道、随神道、惟神道などと記すようになった。

いずれも神の意志のままに、といった意味であり、「神道」の語源である。後に仏教が輸入されるまでは、対抗する信仰のない時代であるから、とくに呼び名も必要ではなかったので、言葉のままが意味であった。

いっぽう、鬼の道は、神道とは異なる道を歩む。『三国志』「魏書東夷伝倭人条」に「名曰卑彌呼　事鬼道　能惑衆（名は卑弥呼という。鬼道をわきまえ、よく衆を惑わす）」とある。和風「鬼道」の初出である。

これらのことから、神道と鬼道をまったく別物とするのが定説となっている。すなわち、神道は、自然意志ともいうべき神を信仰するものであり、鬼道は、原始的呪術であるとするものであり、その後、道教の呪術と融合したとする。『三国志』の作者が何をもってそのように記したのか不明であるが、後世の日本人はこれらの漢文史書に依拠して、「鬼」という概念に呪術を合体させた。ここに「魔物」が出現したのだ。

以後、「鬼は外」へ排除されるものとなり、ついには桃太郎や頼光・綱の「鬼退治」へと、さらには「百鬼夜行」という俗信へと集大成されつつも、「鬼門」という姿の見えない恐怖心となって現代にまで存続する。

しかし私は、わが国における（大陸や半島やインドではない）鬼の原像を明らかにしたい。それが「おぬ」「もの」であった本来の姿をきわめたい。そうすることによって、素性に肉薄したいのだ。

はたしてその正体は、まつろわぬ民であったのか、それともより古い神＝縄文神なのか。本書はそのような日本人の信仰心の原像に迫ろうという試みである。

神那月《かんな》朔日《づきついたち》に筆を執る　　戸矢 学

右：大津絵「鬼の念仏」（筆者蔵）
カバー：朝光寺鬼追儺©PIXTA

鬼とはなにか

まつろわぬ民か、縄文の神か

目次

鬼とはなにか

まつろわぬ民か、縄文の神か

第1章　鬼のクーデター　あずまえびす、ヤマトに叛逆す

空飛ぶ生首

流れ矢に当たって討ち死にした平将門の首は、いちはやく藤原秀郷が駆け寄り掻き切った。手柄は、裏切り者の秀郷が独り占めすることになった。

国を震撼させた将門の乱は、その一瞬に終わりを告げた。

その首は、京へ運ばれて、七条河原にさらされた。

将門の生首は数ヶ月間もの間、目を見開き、歯ぎしりを続けたという。

しかも夜な夜な、大音声を挙げた。京の町ではこれに恐怖しない者はなかったほどだという。

『太平記』第十六巻には、こう書かれている。

「天より白羽の矢一筋降つて将門が眉間に立ちければ、つひに俵藤太秀郷に首を取られてんげり。

その首獄門に懸けて曝《さら》すに、三月まで色変ぜず、眼をも塞がず、常に牙をかみて、斬られしわが五体、いづれの所にか有るらん。ここに来たれ。首ついで今一軍《ひといくさ》せん」

また同書には、藤六左近がこれを見て一首詠んだとある。

「将門は　こめかみよりぞ斬られける　俵藤太が　はかりごとにて」

すると将門はからからと笑い、成仏したという。

ちなみに藤六左近とは、刀工の粟田口国綱のことである。天下五剣の一である「鬼丸」の作者として知られる。

別の伝説では、ある夜、首はみずからの五体を求めて、白光を放って東の彼方へ飛んでいったという。そのため、京都には首塚がないのだという。実際には、夜間ひそかに首は奪われたものだろう。

飛翔伝説の伝播にともなって、各地に首塚や胴塚などが設けられ、それぞれ新たな伝説が作られている。

神矢で射落とした首の落下した場所（岐阜県不破郡の御頭《みかしら》神社）、京から飛翔してきたが力尽きて落下した場所（豊島芝崎の首塚）、弟たちが胴体を埋葬した場所（茨城県坂東市の胴塚）など様々である。その数は実に十七個所以上に及ぶ。

東京の中心は言うまでもなく皇居であるが、日本のビジネスの中心もその真ん前にある。皇居の正門である大手門の前に広がるエリアを大手町、あるいは丸の内と呼び、

大蔵省庭前古塚井池喬木石燈水盤現在図
（もともとの将門首塚／『平将門故蹟考』より）

ここには日本の名だたる大企業の本社が集中している。箱根駅伝のゴールでもおなじみの読売新聞社もここにある。高層ビルが林立する日本の心臓部である。

ところが、この真ん中に、地面剝き出しの一画がある。その名も「将門首塚」。千代田区大手町一丁目である。

以前は道路に面した南側以外、商社や銀行に囲まれている。高層ビルが林立する中に、ポツンと平将門の首塚は存在していた（現在は東と北のみビルが建っている）。

かつて道路以外の三方向に隣接するビルは、「首塚を見下ろすことがないように、窓は設けない」とか、「首塚に対して尻を向けないようなデスク配置をしている」などといったまことしやかな都市伝説でも知られている。

首塚の土地はビジネス街の中心にあるため、これまでに何度か撤去しようとした。ところが、その都度、関わる者に事故が起きたことから、「将門の祟り」などと噂されるようになったものだ。この伝説をもとに創作された小説や映画も少なくないが、荒俣宏作『帝都物語』であらためて全国区になった。

今からほぼ一千年の昔、藤原氏が全盛であった頃、関東は「東夷《あずまえびす》（荒々しい田舎者）」と呼ばれてさげすまれていた。自らの土地でありながら、自らの手で統治することもかなわず、常に中央の支配下にあった。

しかし、土着のいわゆる地侍《じざむらい》は、すでにその以前から戦闘能力ナンバーワンと自他ともに認めるほどであった。日頃から平地を馬で駆け回って狩猟していたことで、自然に基本的な戦闘能力が備わったのかもしれない。関東は平坦な土地がどこまでも広く続いており、それならば「独立国家」建設の誘惑にかられるのも自然の情といえるだろう。

そのような背景のもとに決起したのが下総《しもふさ》（千葉県）の豪族で、桓武天皇の血を引く平将門《たいらのまさかど》である。将門は、中央の不当な地方統治に不満を抱く地侍の力を得て、その出向機関である常陸《ひたち》・上野《こうづけ》・下野《しもつけ》の各国府を占拠。東国全域にわたる支配権を奪取して、人々の快哉を受ける。そしてついに、「新皇」と称して、東国を独立国家とした。

将門は、かつて京に上った折、一介の田舎侍として苦汁を飲まされた経験を持っており、その政策はまことに民主的であったといわれる。それにくらべて当時の中央政府は、藤原氏の私物化によって綱紀は弛緩しきっており、まともな行政が望めるような状態ではなかった。

中央政府は、将門の叛乱鎮圧のために、同じ東国出身の武士である平貞盛・藤原秀郷らを討伐軍に任命。将門と同族の貞盛や、同じく東国の豪族であった秀郷を討伐軍に任命したのは、互いに殺し合えば、どちらにしてもヤマト朝廷にとって損はないという策略もあったのだろう（ちなみに秀郷は、付き従いたいと申し入れたが、平将門から拒否されたという伝承がある）。

先述したように、将門は不運にも流れ矢に倒れてしまう。「新皇」を称して、わずか二ヶ月後のこと。ここに、関東のユートピアはついえ去った。

怨霊の慰霊

現在、大手町のオフィス街、ビルの谷間にうもれるように「将門首塚」があり、乱後まもなく、首を葬ったものといわれている（首が京から飛んできたという伝説がある）。

首のない身体は、茨城県の延命院境内（茨城県坂東市／茨城といっても、埼玉県と千葉県の境目で、東京都からもすぐ近く）に葬られていた。現在「将門山」と呼ばれているところである。江戸の地（おそらく首塚）に合祀されるまでは、将門の三女である如蔵尼が菩提を弔っていたという。後に、そこからほど近い場所に、国王神社が創建されて、将門が祀られている。

ところが、それから三百六十年以上も経って、江戸に疫病がまん延する。それまでも、おそらくは事あるごとに将門の怨念について語り継がれてきたのであろうが、あらためて祀ることは中央政府に対して憚《はばか》られるものであった。しかしこの時、ふたたび「将門の祟り」が云々されるようになり、ようやく住民の手で神として祀る気運が高まった。

そこでもとからあった古社を改修し、「神田明神」として将門を祀ることとなった。

「将門信仰」は「天神信仰」と並んで「御霊信仰（怨霊鎮魂）」の典型であるが、その特徴は、祟る神を祀ることでかえって強力な守護の神となすことにある。

神道には、西洋の「神と悪魔」という対立した二元論のないのがむしろ特徴なのであるが、それこそはこのように、悪神であっても懇切丁寧に祀りさえすれば、かえって強力な守護神になるということにある。

神田明神（神社）は現在、祭神を大己貴命《おおなむちのみこと》・少彦名命《すくなひこなのみこと》としている。平将門は、相殿《あいどの》の神として間借りするような形で祀られている。

しかしこれについては、少々いきさつがある。将門はそのクーデターが成った後、「新皇」と称したが、それを徳川家康が利用した。京の朝廷を軽んずることによって、関東の将軍家に目を向けさせようという意図である。しかしその解釈の度が過ぎて、明治維新以後はかえって「朝敵」の汚名をこうむることになる。

そのために、境内に別に小さな「将門神社」（摂社）を設けて、本殿は別の神とすることで時代の勢いを一時的にかわすことにしたのであろう。しかしその後、社殿が火事で焼けたために臨時に本殿に祀ることとなり、そのまま現在にいたっているという次第だ。

しかし神田神社にとって、平将門が主祭神であることは、その信仰の様子からも明らかであろう。

神田祭が江戸三大祭りの一つとしてにぎわうのも、単に政策から来るものではなく、土地の住民の根強い信仰あればこそである。

「神輿《みこし》深川、山車《だし》神田、だだっ広いが山王様」

と江戸っ子は言い習わしてきた（神田の山車は震災や戦災で焼失し、現在は神輿が主流であるが）。

深川の富岡八幡と神田明神は、江戸城の鬼門の守りとされる（太田道灌が鬼門守護として創建したのは秋葉原の柳森神社であるが）。

山王の日枝神社は裏鬼門の守りである。

いずれも「鬼」の悪気に対抗するために、徳川の政策によってそれぞれの地に鎮座したものだが、唯一、神田明神のみは、鬼をもって鬼を制するという最強の風水手法

神田明神（神社）

を採っている。家康は、頼朝、信玄という坂東で先陣を切った武者をみずからの守護神として祀ったが、とりわけ将門を崇敬したのだ。

ちなみに、日本三大祭りは、祇園祭（京都）、天神祭（大阪）、神田祭（東京）とされている。祇園は八坂神社でスサノヲ、天神は大阪天満宮で菅原道真、神田はいうまでもなく神田神社で平将門である。つまり、三社とも怨霊神を祀っているのだ。神社の祭りというものは、基本的に怨霊を鎮めるためにおこなわれているということは、まさに三大祭りが象徴していることになる。

また、その他関東全域にわたって将門信仰は色濃く残っており、将門がいかに東人《あずまびと》の夢をになった象徴的存在であったかがわかろうというものだ。

以下は平将門を祭神とする神社で、神社本庁に登録されているものであるが、福島県三社、茨城県二社、栃木県一社、埼玉県一社、千葉県二社、東京都四社、岐阜県一社、静岡県一社、岡山県一社、広島県一社、佐賀県一社、合計十八社。うち十三社が関東にある。

なお、「朝敵」の汚名については、神道の基本的な理念をもってすすいでおこう。すでに指摘したように、神道では悪神が悪神であり続けることはまったくない。そのことはかつて天照大御神に不敬の限りをつくしたスサノヲの例をみればあきらかだ。スサノヲは、天津罪を犯して高天原を追放されたが、中津国（地上）に降ってからは、建国の英雄となった。

それに、将門が「新皇」と称したのは、わずか二ヶ月ほど。それも客人として遇していた興世王《おきよおう》にそそのかされたものといわれている。

将門は、ただただ勇猛な武将であって、人柄も「来る者は、拒まず」とか「窮鳥懐《ふところ》に入ればこれを殺さず」のタイプであって、つまり、強くて、皆に慕われていた人物なのである。新任の国司と対立して評判の悪かった興世王をも客人として受け入れ、常陸国で悪業をなして疎外されていた藤原玄明《はるあき》も同様に受け入れた。しかも、国府からの彼らの引き渡し命令を拒んだ。そしてこれが将門事件の始まりだったのだ（将門

平将門公像
(『平将門故蹟考』より)

の首級を取ったという秀郷が、その以前に将門から拒まれたという伝承が事実とすれば、よほどの理由があったのだろう。『太平記』に「秀郷のうらぎりにて」と記されているのも、そういったことが周知であったことを推測させる)。

無念の死を迎えた将門は、きっと怨霊となって祟るに違いないと、おそらく大多数の人々が考えたのだろう。誰が考えても、彼の死に様は無念に違いなかったからだ。

そんな将門を「鬼」と見做したのは都の公家たちである。

そもそもそれ以前から、公家にとっては、武家こそが鬼であった。みずからの立場を根底から脅かす悪鬼そのものである。その代表である将門は、超人的な武勇から、肉体が鉄でできていると空想したのだ(『太平記』『将門記』)。つまり、鬼であるとの決めつけである。

「将門といひける者東国に下つて、相馬郡に郡を立て、百官を召しつかうてみづから平親王と号す。官軍こぞつてこれを討たんとせしかども、その身皆鉄身にて矢石にも破られず、剣戟にも痛まざりしかば」(『太平記』巻十六)などと録されている。

鬼の身体は鉄でできているので、いかなる攻撃にも耐えられるが、一個所だけ弱点があるとされていた。それが「眉間」であるというものだ（こめかみという説もある）。鬼を攻略するには、ただ一個所、彼の眉間を射貫く以外にないというまことしやかな伝承があったのだ。そして将門は、眉間に流れ矢が当たって落命した。

スメラミコトの鬼退治

東国の叛乱は、都から見れば「鬼のクーデター」であろう。

ヤマトに従わぬ者たち、すなわち「まつろわぬ民」を征討するという構図である。ヤマトにとって、鬼は、まつろわぬ者の代名詞であったのだろう。荒脛巾《あらはばき》（縄文神／客人神《まろうど》／門客神）も、阿弖流為《あてるい》（悪路王／八〇二年死没）も、そして平将門（九四〇年死没）や、前九年の役の安倍貞任（一〇六二年死没）も、いずれも東国のまつろわぬ民の決起であった。鬼が、新しい国を建てようとしていたのだ。しかし、その時は征圧されても、何度でも蘇るのが鬼であろう。だから鬼のイメージは不死身となって、この後長く言い伝えられていくことになる。

「桃太郎の鬼退治」も、私はヤマトによる地方豪族の征討物語をシンボライズしたものと解釈しているのだが、だとするならば桃太郎は古代の天皇《すめらみこと》か征夷大将軍であろうし、鬼は各地の首領や頭目を擬《なぞら》えているのだろう。都人にとって、東国の豪族たちは、まさしく鬼そのものであったのだ。

将門の叛逆を契機に、鬼たちは陸続と蜂起した。東から巻き起こったその風は、やがて西へも吹いて、瀬戸内から九州へと飛び火した。鬼と化した古き血筋の者たちは、ヤマトの圧政に反旗を翻したのだ。

しかし彼らは着実に鎮圧された。そしてその痕跡は各地に「鬼祭り」として伝えられた。ユネスコの無形文化遺産となった「来訪神の祭り」とはこれらの痕跡である。ナマハゲもねぶたも、実は来訪神などではなく、もとからの土俗神なのである。あえていうならば、ヤマトこそが来訪者であって、それなのに、もとから土着の者たちは「まつろわぬ」者とされてしまった。そしてヤマトは、土俗の祭りに参画せず、独自の祭りを大々的に〝国家祭祀〟として執りおこなった。

こうして、新たなヤマトの新たな祭りに加わることをせず、みずからの古き祭りを守る者たちは、「まつろわぬ民」すなわち害をなす「鬼」とされたのである。日本の鬼の歴史は、ここから始まった。

第2章　怨霊は鬼か　鬼となる怨霊、ならぬ怨霊

真っ先に怨霊となるはずの崇峻《すしゅん》天皇

歴代天皇で、唯一臣下に暗殺された天皇がいる。第三十二代・**崇峻天皇**である。諱《いみな》は**泊瀬部**《はっせべ》である。

その経緯は『日本書紀』に克明に録されている。しかしそこには、誤魔化しがある。**泊瀬部皇子**《はっせべ》は、丁未《ていび》の乱（五八七年）で、蘇我軍を統率して**物部守屋**を討ち、皇位継承で対抗していた**穴穂部皇子**も討ち取った。その結果、翌五八八年、皇子は蘇我氏の後見により即位して崇峻天皇となった。勝てば皇位に就けるとは、蘇我との約定であったという。

ところが、崇峻五年の十一月三日、蘇我馬子《そがのうまこ》は「今日、東国から調が奉られる」と群臣を騙し天皇を臨席させ、手下の東漢直駒《やまとのあやのあたいこま》を使って、崇峻天皇を暗殺した。そして遺骸を倉梯岡陵《くらはしのおかのみささぎ》に、その日のうちに埋葬した。

書紀にはさらに一書《あるふみ》からの引用による補足説明がある。

天皇の嬪《みめ》・小手子《こてこ》が、寵愛の衰えたことを恨んで、蘇我馬子にこう讒言《ざんげん》したという。「この頃、猪の献上がありましたが、天皇は猪を指さして、『いつの日かこの猪の頸を斬るように、自分が嫌う者を斬りたいものだ』と言われ、内裏に多くの武器を集めておられます」と。これを聞いて馬子はたいそう驚いたという。

実は「猪」には〝伏線〟がある。第三十代・敏達《びだつ》天皇崩御の際、殯宮《もがりのみや》（葬儀場）において馬子は刀を帯びて誄《しのびごと》（弔辞）を述べた。これを見た物部守屋は「猟箭《ししや》で射られた雀のようだ」と嘲笑したのだ。「ししや」とは、猪を狩るための矢であって、それが突き刺さった雀のようだと言って、ずんぐり体型の馬子が長い刀を佩いている姿を喩えたものだ。猪になぞらえたのでは笑いものにならないので、ずんぐりしていて最も小さな雀とすることで貶めたものだろう。すなわち、当時の宮廷において馬子が猪に似ていることは共通認識であったのだ。

暗殺実行後の同月、駒は蘇我嬪河上娘《そがのみめかわかみのいらつめ》（馬子の女《むすめ》であり、崇峻天皇の嬪）を奪って自分の妻とした。馬子は、嬪を汚したことを理由に、駒を殺した。

歴代の天皇で〝殺害された〟と明確に書紀に記されているのは崇峻天皇が唯一であ

る。他には、ない。しかも「蘇我馬子が犯人」だと明記されている。天皇の殺害は最も重い犯罪である。「犯人」である馬子は当然ながら重罪人として罰されていなければならないのだが、そのような事実はまったくない。これはどうしたことだろう?

馬子主犯説は、書紀に明記されているのだから一見疑問の余地はないように思える。しかし書紀の記述を子細に見ると、いかにも不自然だ。

実行犯である東漢直駒は、崇峻天皇を殺害した直後にはとくに罪を問われず、その後天皇の嬪となっていた馬子の娘を奪ったことで殺害された。これは天皇を殺した罪よりも、馬子の娘を略奪した罪のほうが重い、と読めてしまうが、もちろんそんな馬鹿な話はない。飛鳥時代には、天皇《おおきみ》殺害より重い罪はないのだ。

そもそも弑逆《しいぎやく》を命じたのが馬子であるならば、罰せられるのは馬子であるはずで、とすれば弑逆の罪は誰にも問われていないということになる。

しかし書紀が蘇我氏に遠慮するいわれはまったくない。むしろ書紀は基本的に「蘇我氏を貶める」というのが編纂目的の一つである。しかも崇峻天皇は馬子の甥であって、馬子の娘を后としているのだ。蘇我氏は崇峻天皇実現のための最大の支援者なのだ。

馬子は、先帝・用明天皇には姪の炊屋姫《かしきやひめ》を皇后に入れるところまで到達し、今回はついに甥を皇位に就けることができた。最大のライバルである物部守屋は穴穂部皇子を立てて競合したが、これにも勝った。守屋を討伐したことで、馬子は完全なる勝利を獲得した。まさに「我が世の春」である。

つまり、崇峻天皇は蘇我政権の象徴なのだ。それを馬子みずからが否定するはずがない。しかも、もし犯行が事実であるならば、「天皇殺し」の汚名は歴史に消えない刻印となって残るのはもちろん、人々の支持も得られないだろう。そんな無思慮で無謀な行動を、蘇我馬子ともあろう人物が採るだろうか。

また、崇峻天皇死後の朝廷の対応も、きわめて不自然なものであった。天皇（大王）であったにもかかわらず、最も重要な儀式である殯《もがり》がおこなわれなかったのだ。これは当時としては到底考えられないことであって、しかるべき重大な理由がなければならない。

天皇（大王）や皇族の死に際しては、通常は御陵建設のためもあって一年以上は殯をおこなう。第三十代・敏達天皇は五年八ヶ月、前天皇の第三十一代・用明天皇は四年もの長きにわたる殯がおこなわれている。陵墓建設と併行して遺骸が白骨化するまで見守り、死を確認する意味もある。

ところが崇峻天皇は、弑逆されたその日のうちに陵《みささぎ》に葬られている。慌ただしく埋葬するのは理由があるからだ。すばやく葬ったのは、その死因から考えて怨霊となる確信があったからだろう。一刻も早く葬って鎮魂しなければ怨霊となる。当時の宗教観の基本は〝怨霊の祟り〟への恐怖である。

蘇我馬子には天皇殺害による新たな利益はほとんどない。そればかりか、むしろ歴史に残る汚名を被ることになるわけで、デメリットのほうが圧倒的に大きい。つまり、すでに出世の頂点にいる馬子が、それだけのリスクを冒してまで何らかの利得を得ようとしていたとは考え難い。

それでは誰が利を得たのか。こういった事件の原点に返ってみよう。古代において皇族が殺害されるのは、皇位継承争いと相場は決まっている。となれば、直後に即位した者こそが最も疑わしいことになる。それは、誰か？

崇峻帝の暗殺後一ヶ月で第三十三代・推古天皇として即位する炊屋姫《かしきやひめ》と、その皇太子として敢然と登場する厩戸皇子《うまやどのみこ》は、誰よりも大きな利を得たことになる。

ちなみに炊屋姫は馬子の姪であり、厩戸皇子は馬子の甥である。たとえ直接関与がなくとも馬子とて無関係のきれいごとで言い逃れはできないだろうが、殺害の意志はこの二人にこそあって、馬子にはなかったのではないか。

またもし馬子が主犯で有罪であるなら、この二人も連座するのが当然であるが、馬子を主犯と記す書紀にそのような記述はない。そればかりか死後たった一ヶ月後に、天皇と皇太子になっていると明記しているのは、整合が図れなかった証しであろう。

彼らは崇峻帝の崩御に際して殯をおこなわないことについて、最も近しい皇族として少なくとも異を唱えるべき立場にある。だから連座もせず、異も唱えないのは、きわめて不自然である。彼らこそが主犯であろうと考える所以《ゆえん》である。もしも馬子に疑惑があるとしても、結果的に容認せざるを得なかったことによる従犯であるだろう。すなわち、炊屋姫と厩戸皇子こそは、きわめて重大な犯罪を犯したのだ。

しかし、崇峻帝は、怨霊にも鬼にもならなかった。それはなぜなのか。その死因は、これ以上ないほどに祟りを為すにふさわしいにもかかわらず、である。なにしろ歴史上ただ一人「臣下に殺された天皇」であるのだから。

崇峻帝は、寺院と神社にそれぞれ鎮魂されている。

四天王寺（大阪市天王寺区四天王寺）は物部守屋に次いで、崇峻帝の御霊《みたま》を鎮めた。また同時に、四天王寺の守護社である河堀稲生《こぼれいなり》神社（大阪市天王寺区大道）、および堀越神社（大阪市天王寺区茶臼山町）にも崇峻帝の御霊を祀り、二重に鎮魂した。

河堀稲生神社由緒には「四天王寺創建と共に此の昼ヶ丘に社殿を建て、崇峻天皇を祭祀し、四天王寺七宮の一宮として稲生大明神と併祀す。」とある。

堀越神社由緒には、「折しも蘇我氏の全盛時代であり、特に大臣の蘇我馬子の専横はなはだしく、帝は深く憂慮されて馬子を除こうとされたが、却って馬子の奸智にたけた反逆にあい倒れられた。」とある。……しかし、その祟りを恐れた人物たちこそが、これらを祀った者たちであるだろう。

▼四天王寺　大阪府大阪市天王寺区四天王寺
【本尊】救世観世音菩薩
【創建年】推古天皇元年（五九三年）
【開基】聖徳太子

▼河堀稲生神社《こぼれいなり》（通称・河堀《かわほり》神社）大阪府大阪市天王寺区大道
【祭神】宇賀魂大神　崇峻天皇　素盞嗚

▼堀越神社　大阪府大阪市天王寺区茶臼山町
【祭神】崇峻天皇　（配祀）小手姫皇后　蜂子皇子　錦代皇女

こうして崇峻帝は手厚く祀られたのだが、実はその第三皇子である蜂子《はちこ》皇子は、暗殺を怖れて北の果てに逃れた。

伝承では、父に続いて馬子に暗殺されるのを恐れていたところ、厩戸皇子の手助けで逃避行をおこなったとされる。丹後国由良（京都府宮津市由良）から船で日本海を北上し、八乙女浦（山形県鶴岡市由良）へ渡った。ここから三本足の烏の案内で羽黒山へ登り、権現を感得したと伝えられる。そして月山、湯殿山をも極める。

なんと、蜂子皇子は、出羽三山の開祖となったのだ。肖像画も残っているのだが、その風貌は異様である。眼は獣のように睨み、肌は異様に浅黒く、身の丈は誰よりも高く、口は耳元まで裂けていたと伝えられている。

四天王寺西門

これは「鬼」の姿である。蜂子皇子は恐怖と山気で「鬼」と化したのであろう。その怪異な容貌ゆえに天皇になれなかったという説もあるのだが、あるいは、暗殺された父親の怨念が、皇子に凝り固まったということなのかもしれない。出羽三山は、鬼の山である。

「鬼」は東北に現れる。

ちなみに、蜂子皇子の墓は出羽三山神社神域内にあって、ここは東北地方で唯一の皇族の陵墓である（宮内庁管理）。唯一というのは意外な気もするかもしれないが、東北地方はそれほどにヤマト朝廷からはかけ離れた異世界であって、ヤマトからは、いわば長く異国であったということなのだろう。

最大の怨霊神は蘇我入鹿

崇峻天皇こそは、誰よりも怨霊でしかるべき人であろうと指摘したが、右のように懇切に慰霊鎮魂されている。つまり、怨霊と化することを未然に防いでいるとも解釈できる。殺害してから、その日のうちに埋葬し、慌ただしく寺院と神社において鎮魂しているのは、そのゆえであろうが、私はさらに注目すべき歴史的事件を挙げておきたい。

あまりにも有名なそのくだりは、『日本書紀』巻二四、皇極天皇四年（六四五年）六月のことである。以下の訳文は筆者によるものであるが、いくつか独自の訳述をおこなったので、すでにご承知の読者もぜひ確認されたい。

中大兄《なかのおおえの》皇子は倉山田麻呂臣《くらやまだのまろのおみ》と密談した。

「三韓《みつのからひと》の調《みつき》をたてまつる日に、そなたに上表文を読み上げる役割を務めてもらいたい」

遂に、入鹿を斬ろうという謀《はかりごと》を告げたのだ。麻呂臣は承諾した。

十二日、天皇は大極殿に出御した。古人大兄《ふるひとのおおえ》が近侍した。

中臣鎌子連《なかとみのかまこのむらじ》は、蘇我入鹿臣が用心深いために、昼夜を問わず剣を身につけていることとを知っていたので、俳優《わざひと》に指示して、だまして剣をはずさせた。入鹿臣は、笑って剣を渡し、中に入って座に着いた。

倉山田麻呂臣は、進み出て三韓の上表文を読み上げた。

中大兄は、衛門府に命じて、十二の通用門を一斉にさしかためて、通行不能にした。そして衛門府の兵を一ヶ所に召集して、いましも禄を授けようとするその時……。

中大兄は自ら長槍を執って、大極殿の脇に隠れた。中臣鎌子連らは、弓矢を持って護衛した。海犬養連勝麻呂《あまのいぬかいのむらじかつまろ》に命じて、箱の中から二本の剣を取り出して、佐伯連子《さえきのむらじこ》麻呂《まろ》と葛城稚犬養連網田《かづらきのわかいぬかいのむらじあみた》に渡し、「気合いを入れて、すばやく斬れ」と言った。子麻呂らは、水をかけて飯を流し込んだが、恐怖心のあまり喉を通らず吐いてしまった。中臣鎌子連は、これを嘖《せ》めて励ました。

倉山田麻呂は、上表文を読み終わろうとしていたが、子麻呂たちが出てこないので恐ろしくなり、流れる汗が全身を濡らし、声は乱れ手は震えた。鞍作臣《くらつくりのおみ》（入鹿）が、それを訝《いぶか》しく思って聞いた。

「なにゆえ震えわなないているのか」

山田麻呂が答えた。

「天皇のおそば近くにて、畏れ多いものにて、汗が流れておりまする」

中大兄は、子麻呂たちが入鹿の威厳を畏れてためらっているのを見て、「咄嗟《やあ》」と声を発して、子麻呂たちと共に跳びだし、剣で入鹿の頭から肩にかけて斬り下ろした。

入鹿は驚いて立ち上がった。子麻呂が、剣を振ってその片方の足を斬った。

入鹿は御座の前に転がり、頭を挙げて言った。

「玉座におられるのは天皇《おおきみ》である。わたしに何の罪があるのか。明らかにしてほしい」

天皇はひどく驚いて、中大兄に問うた。

「わからない。何をするのか。何事があったのか」

中大兄は、平伏《ひれふ》して奏上した。

「鞍作は、皇統を一人残らず滅ぼして、皇位を傾けようとしています。鞍作をもって天皇に代えられましょうや」――蘇我臣入鹿は、またの名を鞍作《くらつくり》という。

天皇は、即座に立って殿舎の中に入られた。

佐伯連子麻呂と稚犬養連網田は、さらに入鹿臣を斬った。

この日は雨が降って、流れる水で庭が溢れた。蓆《むしろ》と障子《しとみ》で、鞍作の屍を覆った。

古人大兄はこれを目撃して、私邸に走り入って、家人に言った。

「韓人《からひと》が、鞍作臣を殺した。私は心が痛い」

即座に寝所に入って、門を閉ざして出ようとしなかった。


――これを「乙巳《いつし》の変」と呼ぶ。

これについての日本人一般の知識は、教科書や教則本で学んだ「統一見解」「共通認識」で固定されているのではないか。すなわち、「中大兄皇子と中臣鎌足による腐敗政治の刷新」であろう。以前はこのクーデターそのものを「大化改新」と呼んでいたほどだ。

中大兄皇子は天智天皇となり、現在に至る天皇家の直接の祖となっている。中臣鎌足（鎌子）は、藤原姓を下賜されて藤原鎌足となり、日本の歴史上最も栄えた一族・藤原氏の祖となっている。

つまり、乙巳の変の首謀者二人の子孫が、以後の日本の主役になるのであって、いわば「主役交代」の瞬間なのである。まぎれもなく日本史上のクライマックスの第一だろう。

これまで見てきたように、乙巳の変の瞬間まで、蘇我氏は稲目、馬子、蝦夷、入鹿と四代にわたって栄耀栄華を極めてきた。稲目が大臣となった五三一年頃から乙巳の変で蝦夷・入鹿父子が死ぬ六四五年まで、実に百十年余の長きにわたる。飛鳥は「蘇我氏の時代」と称して誤りはないだろう。その権力の源泉は天皇家（大王家）との姻戚関係を構築したことが大きな理由の一つである。

二十九代・欽明天皇から、三十代・敏達天皇、三十一代・用明天皇、三十二代・崇峻天皇、三十三代・推古天皇、三十四代・舒明天皇まで――実に天皇六代にわたってる。

「蘇我系」である。これは、藤原氏の全盛期を「望月《もちづき》」に例えて謳歌した、かの道長の時代を凌駕するものではないか。これほどの栄耀栄華、権力集中は日本史上稀有である。

しかも、ここまで頂点をきわめた者が、その最高最上のハレの場でトップが謀殺されるという結末である。しかもこの時点で、入鹿こそが皇位を次に継承すると決まっていたと書紀の記述は読み取れる。つまり入鹿は、天皇に即位する直前に暗殺されたということになる。暗殺者二人に対して、この後どれほどの祟りがあっただろうか、と誰もが思うに違いない。

ところが入鹿が怨霊となって中大兄皇子や中臣鎌足らに祟ったという直接の記事は『日本書紀』にはまったくない。仮にもその類の記事が編述されていたならば、最終の検閲者である不比等によって削除されたであろうし、不比等が編纂責任者となったのはそれこそが目的であったのかもしれないほどだ。「歴史は勝者が創るもの」という常識を忘れてはならない。

とはいうものの、実は完全に消すことはできなかった。『日本書紀』巻二十六・斉明天皇元年（六五五年）五月の条に、まことに不思議な記録がある。

「空中に龍に乗れる者あり。貌《かたち》は唐人に似たり。青き油の笠を著て、葛城嶺《かつらぎのみね》より馳せて、膽駒山《いこまのやま》へ隠れぬ。午《うま》の時に至りて、住吉《すみのえ》の松嶺の上より。西に向いて馳せ去ぬ。」

『日本書紀』にはこれについて他には何の説明もないので、これだけを読んでも、いったい何を意味するものなのかまったくわからないだろう。

『本朝列仙伝』には、この場面の絵が描かれている。これを見ても、緊迫感のない、なにやら優雅な趣を感じさせるが、これに何の意味があるのか。わざわざ記録にとどめているのはどうしたことか。……どう眺めても不可解でしかないのは、本来必要な解説か傍証が削除されているからであるだろう。

入鹿の怨霊『本朝列仙伝』より（著者蔵）

『扶桑略記』には「時人言、蘇我豊浦大臣之霊也」と解説されており、どうやらこれが入鹿の怨霊と巷では考えられていたようだ。「笠で顔を隠す者は鬼」であるという言い習わしとも関わっているだろう。つまり、入鹿は鬼になったと巷では信じられていた。

いうまでもないことだが、斉明天皇と

は皇極天皇が重祚《ちょうそ》したもので、入鹿殺害はその面前でおこなわれたものだ。斬られた入鹿はまさにその瞬間に皇極帝に向かって叫んでいる。

「私に何の罪があるのか」と。ここは重要な証言なので原文を確認しておこう。

「入鹿、御座に転《まろ》び就きて、叩頭《こうとう》して曰《もう》さく。当《まさ》に嗣《ひつぎのくらい》位に居《ましま》すは天之子《あめのみこ》なり。臣《やつこ》、罪を知らず。乞う、垂審《あきらめ》たまへ。天皇、大いに驚きて、中大兄に詔して曰はく。知らず、作《す》るところ、何事有りつるや。」

罪があると思っていれば、いまわの際にこんな科白は吐かないだろう。完全無実を確信していればこその物言いである。書紀も入鹿の自称として「臣」という文字を使っているのは、少なくとも証言の記録にその言葉が用いられていて、不遜な称に代えるわけにはいかなかったのではないか。中大兄皇子と中臣鎌足のクーデターを〝壮挙〟として美化するのが目的に違いないのだが、ここでの入鹿の対応には非の打ち所がない。このくだりを読んで、はたして読者はどの登場人物に感情移入するだろう。

天皇は狼狽して、すぐに奥へ引っ込んでしまう。助けようとしない天皇を見て、入鹿は、天皇が承知した上で実行されたものと思ったに違いない。

斉明天皇は、斉明七年（六六一年）、朝倉宮で崩御するが、入鹿の祟りであると噂された。

ところで『日本書紀』を読むと、入鹿が悪逆非道の権化のように描かれていると誰もが思うだろう。ところが書紀の中で入鹿を批判しているのは「編纂者」の立場から書かれたもののみであって、「民の声」による非難はまったくないのだ。

書紀のいうように入鹿が悪逆非道であるのならば、彼を非難する声が巷に満ち満ちていてもおかしくないはずである。また、そういった非難の声がいくらかでもあるのならば、「編纂者」がそれを採り上げないはずがない。記すのを忘れたか、それともなかったから書けなかったのか、後者であるのは言うまでもない。あれば忘れるはずもなく、そして、ないものは書けないのだ。……後に、天智天皇の政策に対して様々な非難が噴出するが、その多くは「民の声」として記されている。『日本書紀』は、こういった点に関しては図らずも〝公平〟であることがよくわかる。もしも大王（天皇）が権威を失えば蘇我本宗家も共に滅びるだけの運命共同体を構築していた。

すなわち蘇我氏は、すでに「天皇家」なのだ。馬子と共に『天皇記』『国記』を編纂した厩戸皇子も同族である。厩戸皇子の権威を高めれば高めるほどに、それは蘇我氏の権威を高めることでもある。まさに一蓮托生であるだろう。

明治十七年、アメリカ人哲学者フェノロサは明治政府の命令書を持って法隆寺を訪れた。同行したのは若き日の天心岡倉覚三、当時は文部省の図画取調掛として古社寺宝物調査を担当していた。その時の目的は、夢殿の中央にそびえ立つ大厨子を開けさせることにあった。厨子には実に千二百年もの間秘仏として誰の目にも触れなかった像が納められているという。推古天皇の御代に、等身大の聖徳太子像として造られたと言われ、この厨子を開けると忽《たちま》ち地震が起こり、この寺は崩壊すると言い伝えられていた。

寺僧たちは拒み続けたが、政府命令の前には如何ともしがたく鍵を渡した。

天心の『日本美術史』によれば、明治初年に廃仏毀釈の勢いに押されて途中まで開いたことがあったという。その際には突如雷鳴が轟いて落雷の恐怖に中断したとされている。

しかしここについに厨子は開かれた。その中には綿布で幾重にも包まれた高さ七尺余のものがあり、その重なる布を解いていくと途中で白紙が挟んである。これが明治初年に雷鳴への恐怖で中断されたところであった。

さらに解き開くと、実にその覆っていた白布の長さは五百ヤードに達したという。そしてそこには驚くべき仏像があった。

これが国宝・救世《ぐぜ》観音像である。容貌は聖徳太子そのままに、姿形も等身大に、観音像として造られたというものがこれだ。

しかし、

「救世観音は呪いの人形《ひとかた》」

とは梅原猛氏の言葉だ。その「呪い」は形となって今に伝わる。法隆寺を訪れて救世観音像を横から見るがいい。そこにかつて何者かが為した恐るべき行為を見ることができる。光背が、観音像の後頭部に、大きな釘で深々と打ち付けられているのだ。しかも、その手には、虐殺滅亡させられた太子の息子たちの骨の入った舎利瓶が持たれているのだとは梅原氏の説である。

そして全身を五百ヤードもの長大な白布でぐるぐる巻きにして覆い隠され、厨子の中に永遠に封じ込められていたのだ。法隆寺は聖徳太子の怨霊を祀り鎮めるための施設であるとの説とともに、救世観音像は呪いの人形だと梅原猛氏によって主張された。

呪いの救世観音像は、厩戸皇子（聖徳太子）の等身と言われるが、はたしてそうなのか。

しかし大きな目、鼻梁の発達した鼻、分厚い唇……これらの特徴は厩戸皇子のものではないのではないか。

フェノロサはモナリザの微笑と並列して賛美し（『東洋美術史綱』）、和辻哲郎はモナリザ以上の美しさと絶賛した（『古寺巡礼』）。

しかし救世観音像を前にしてその言葉を読み上げてみても、彼らがそのために費やす言葉の数々は空虚なばかりで眼前の像とまったく一致しない。彼らは何を見てそう言ったのか。

納得できる言葉は、彫刻家で詩人の高村光太郎から発せられたのが唯一のものだ。彼の眼は、率直であった。

「救世観音像も例によって甚だしい不協和音の強引な和音で出来てゐる。顔面の不思議極まる化け物じみた物凄さ、」（高村光太郎）

法隆寺の救世観音像は、そういう容姿容貌なのである。さながら「鬼の像」ではないだろうか。

また、怨霊を鎮魂するために法隆寺と四天王寺で奉納される舞楽『蘇莫者《そまくしゃ》』の踊り狂う怪物は厩戸皇子でもなければ山の神でもない。その正体は鎮魂すべき怨霊である。四天王寺の蘇莫者は物部守屋であるが、法隆寺の蘇莫者は蘇我入鹿である。いずれも厩戸皇子が介添え役として付き従うことによって、怨霊は慰撫されるのだ。主な怨霊の居場所は次の通りである。

一、**若草伽藍（再建前の法隆寺）**においては、**穴穂部皇子**を鎮魂。

一、**四天王寺**においては、**物部守屋**を鎮魂。その後、崇峻天皇も鎮魂。
一、**法隆寺（再建後）**においては、**蘇我入鹿**を鎮魂。

飛鳥時代とは、次々に生まれる怨霊におののき、その祟りを恐れ、この両寺において鎮魂と祟り鎮めをおこなった時代である。むろん同時に、鎮魂のためにいくつもの神社が創建されているが、この両寺の建立こそは飛鳥を歴史的に画然し象徴するものであるだろう。

「怨霊」から「鬼」へと恐怖がシフトするのは、この後の時代である。

（＊蘇我氏および入鹿についての詳細と解明は本書の役割ではないので、拙著『怨霊の古代史』をご参照ください。）

雷神となった大怨霊

「日本三大怨霊」は、菅原道真・平将門・崇徳院とされている。崇峻天皇でも蘇我入鹿でもない。その理由はすでにご理解いただいたと思うが、生き残った人々にどれほど怖れられたか、その一点で決まるということである。そして怖れた人々が言い伝え書き伝えたことが次第にその姿を創り上げていくのだ。

三大怨霊においてはその作業はひときわ克明におこなわれた。そして、歴史上最も怖れられたのは道真である。

太宰府へ左遷された道真が失意のうちに亡くなると、その祟りについて都では噂が流れるようになる。そして道真の失脚に関与した人物に次々に不幸が訪れる。

延喜九年（九〇九年）、左大臣・藤原時平病死（道真の政敵）
延喜十三年（九一三年）、右大臣・源光溺死（道真失脚の首謀者）
延喜二十三年（九二三年）、東宮・保明親王病死（時平の甥）
延長三年（九二五年）、皇太孫・慶頼王病死（時平の外孫）
延長八年（九三〇年）、清涼殿に落雷。大納言・藤原清貫（左遷に関与）、他に多くの死傷者。
同年、醍醐天皇崩御。

これら一連の死傷事件はすべて道真の左遷に関与した人物たちであったことから、時の朝廷は道真の祟りであると恐怖した。そしてただちに道真を恩赦、正二位を贈位し、家族の流罪も解いた。その後さらに正一位、左大臣、太政大臣まで贈位した。

道真の怨霊は雷神になったと考えられて、もともと雷神が祀られていた北野の地に天満宮を創建。また道真が死没した太宰府にも天満宮を創建した。

それでも、その後百年ほどは、災害等が起こると道真の祟りとして人々は恐怖した。

太宰府天満宮全景

「北野天神絵巻」より（部分）

道真は、雷神（天満自在天）となって天満宮に祀られるまで、「祟り為す鬼」であった。伝承でも、恨みの深さばかりが強調されている。つまり、怨霊が鬼となった嚆矢であろう。

関東で、死後「鬼」となった人物といえば第一に将門であるが、これが関西では菅原道真となる。将門伝説によれば、なぜか道真と将門は一体とされているのだが、これは鬼神となるものはすべて同化するという考え方によるのやもしれない。

ちなみに、一般向けの「北野天満宮略記」には、左遷のことも祟りのことも一切記されていない。まさに「略記」である。ひたすら道真の功績と報奨が録されており、いわゆる「天神信仰」はこちらに基づいている。

菅原道真を祭神として祀る神社は、三大天神を始めとして全国に総数一万数千社に及ぶ。そしてそのほとんどは、当初は祟り封じ信仰であったようだが、道真の生前の経歴にちなんで「学問の神」へと変貌した。近年では「天神様」といえば「合格祈願」で大人気であるが、「北野天神絵巻」に描かれている祟り神、赤鬼姿の雷神こそが天神様であるのだと、参拝者にはぜひ思い起こしていただきたい。

▼**北野天満宮**（通称　北野の天神さん）京都府京都市上京区馬喰町
【祭神】菅原道眞（配祀）中將殿　吉祥女
▼**太宰府天満宮**　福岡県太宰府市宰府
【祭神】菅原道眞
▼**大阪天満宮**（通称　天満《てんま》の天神さん）大阪府大阪市北区天神橋
【祭神】菅原道眞（配祀）野見宿禰命　手力雄命　猿田彦命　蛭子命
▼**防府《ほうふ》天満宮**（通称　天神さま）山口県防府市松崎町
【祭神】菅原道眞（配祀）天穂日命　武夷鳥命　野見宿禰
（＊「三大天神」の三社目は大阪説と防府説とがあって定まらないが、北野と太宰府は共に怨霊化と直結している。）

なお、鬼ヶ島といわれている女木島には、道真が讃岐守であった時に、当地に伝わる昔話をもとに「桃太郎」を創作したとの伝説がある。「鬼退治」とは、殺すことではなく、祟り神を浄化することであるならば、道真がその作者であるとすれば巡り合わせというものだろう。

そもそも怨霊は、当人の死後、残された他人が「怨まれている」と感じるゆえに誕生する。すなわち、他人が創造するものである。

将門は、戦闘で討ち死にした。これは武士として妥当な死にかたの一つである。ならば、誰を怨むものでもないだろう。にもかかわらず怨霊とされたのは、その周囲にいた者たち、あるいは関わりがあった者たちが、死んだ将門は自分たちを怨んで死んだに違いないと確信したがゆえに仕立て上げたものだろう。とりわけ首を取ったという藤原秀郷は、伝承にも奸計をほのめかされていることから、怨霊化に何らかの関わりがあったと当時の人々が考えた結果なのだろう。

道真は、本人に恨みがなかったとは言わないが、むしろ「自分は道真から恨まれているに違いない」と思った人こそが、彼を怨霊にしたのだろう。落雷を道真の怒りと思うのは、それほど怒り狂っても当然だろうと自認している証拠である。「北野縁起絵巻」で鬼の姿の雷神が描かれていても、さほど恐ろしげでもなく、むしろそれを怖れる公家たちが滑稽で哀れに見えるのは、鬼の出現についての本質的な意味を象徴しているのかもしれない。絵巻を繰り返し見れば見るほど、なにやら雷神への親しみが湧いてくるのは、ともすれば絵巻の作者の心情がその辺りにあるからかもしれない。

第3章　鬼を祀る神社

温羅《うら》伝説と国家統一

鬼を祭神としている神社

鬼祭りは全国各地に数多いとすでに紹介したが、それでは「鬼」が祭神名や神社名にそのまま入っている神社ははたして何社くらいあるのだろうか。鬼祭りの多さから想像するに、さぞたくさんの神社に鬼が祀られていることだろう。

ところが、神社本庁に登録されているものに限ってではあるが、子細に調べてみると興味深い事実が浮かび上がってくる。

まずは「鬼」が祭神名に含まれる神社であるが（九鬼氏・鬼頭氏などの個人名を除く／渡来の新しい信仰である鬼子母神＝八社を除く）、全国に**十五社**ある。わずかな数であるが、おそらくは祭神を鬼そのものとするには氏子の支持が得られないために別の呼び名（後述）とするか、あるいは相応の記紀神に置き換えて元の鬼神を隠すことによって、ここまで少数になっているのだろう。

とすれば、むしろはっきりと「鬼」を祭神の名として標榜しているのは、よほど強い信仰があったのだろうと想像される。すなわち、当該地域の氏子たちにとっては、なんらかの恩義を抱いていたのであるだろう。

以下は北から順に紹介しよう。

▼天照御祖神社《あまてらすみおや》（通称　常龍山《じょうりゅうさん》）岩手県釜石市唐丹町字片岸

【祭神】天照大御神　（配祀）西宮大神　大綿津見神　市杵嶋姫神　（合祀）天津神　國津祇八百萬神神　**常竜鬼靈神**　新山權現神

最北は岩手釜石である。盛岡の三ツ石神社には有名な「鬼の手形」が刻印された巨石があるのだが、鬼は祭神にはなっていない。しかしこちらの天照御祖神社の「由緒」には、神体山の神が「鬼」であると明記されている。

「古くからこの地方の開発鎮護の総守護神としてあがめられている。即ち当社の鎮座する聖なる丘常龍山は、太古より神々の鎮まります丘、御山と尊ばれ、山上の古大木跡は神々の憑依する神籬《ひもろぎ》、神霊のやどるしるし勧請木《かんじょう》で、その周辺も含め特別な祈願を籠めた祭場であった。よって当社は、太古神殿はなく、神籬としての大木と磐座《いわくら》に神を祭った古代祭祀形態の信仰であった。」

「常龍山碑によると今より約一一八〇余年以前（大同二年）征夷大将軍坂上田村麿が蝦夷軍の総帥タモノ王を滅ぼし、その残党である常龍山鬼（鬼とは大和軍が敵対する強い大将に名付けた言葉で常龍鬼とは真の蝦夷の大将であった）を唐丹の村で討したのだった。

ところがこの霊は怨霊として荒びた為、この霊を慰めしずめることを祈って、山上の一角に十一面観世音像を安置した小さな堂を建立し、それまで祀ってきた天照大御神をはじめ天神地祇と共に合わせ祀るようになった。」

祭神たる「常龍山鬼」を「蝦夷の大将」と伝えているのが興味深い。ヤマトの大将は征夷大将軍であるが、蝦夷は鬼だとしている。そして、岩手釜石地方では、どうやら征夷大将軍よりも蝦夷の大将のほうに気持ちは寄り添っているようだ。

▼**諏訪神社**　新潟県新発田市箱岩字諏訪ノ入

【祭神】建御名方命　（配祀）白山姫大神　大山祇大神　少名彦大神　月夜見之命

倉稲魂大神　（合祀）天照皇大神　**青鬼大神**

▼**越生**《おごせ》**神社**　埼玉県入間郡越生町鹿下

【祭神】愛宕大神　（配祀）**鬼神大神**

新潟の青鬼、埼玉の鬼神が何者を示すのか不詳であるが、アマテラスやオオヤマツミといった代表的な記紀神の下に置かれているところから、征圧された土俗神という位置付けであるのだろう。

▼**三島神社**　福島県河沼郡柳津町大字細八字宮ノ上
【祭神】大山祇神　（配祀）熊野神　**鬼渡神**　伊勢神

▼**八幡神社**（通称　塩浪《しおなみ》八幡社）宮城県黒川郡大衡村大衡字八幡
【祭神】應神天皇　（合祀）天照大神　宇賀神　**二渡神**　天照皇太神　家都御子命
熊野夫須美神　御子早玉神　宇賀御魂命　宇賀御魂命　武甕槌命

▼**白山神社**（通称　鎮守様）山形県村山市大字大槙
【祭神】菊理媛神　（合祀）**荷渡《にわたり》燈明佛大明神**

▼**庭渡《にわたり》神社**（通称　**庭渡**さま）福島県西白河郡大信村大字増見字外面蟹沢
【祭神】　**庭渡大神**

▼**沫蕩《あわなぎ》神社**　福島県田村市三春町大字山田字栃久保
【祭神】沫蕩神　**見渡神**　大地魂神

▼**三輪《みわ》神社**　福島県田村市船引町笹山字寺屋敷
【祭神】　**三和㣇利大明神**

▼**杵森《きもり》稲荷神社**　福島県河沼郡会津坂下町字稲荷塚
【祭神】倉稲魂神　（配祀）天照大御神　大山祇神　**鬼渡神**　高木神　天御中主神
熊野神
▼**稲荷神社**　福島県河沼郡柳津町大字郷戸字小ノ川
【祭神】倉稲魂神　（配祀）**鬼渡神**　明神　八幡神　第六天神

これら八社は「鬼渡」を祭神とするものである。漢字からは「鬼が渡りきた」との意味が汲み取れるが、「おにわたり」の音が訛って「にわたり」「みわたり」等となり、そこに適当な漢字を当てたものだろう。別名の二渡神、荷渡燈明佛大明神、庭渡大神、見渡神、三和刕利大明神がそれぞれ一社ずつ、鬼渡神は三社で、合計八社。

▼**三竈《みかまど》神社**（通称　お善鬼《ぜんき》さま）長野県長野市大字小鍋
【祭神】火産靈神　**善鬼大明神**

「善鬼」は、仏教理念とは無関係で、単に「善良な鬼」あるいは「善きことをもたらした鬼」との意味であろう。「お善鬼さま」という通称にも氏子からの親しみが感じられる。

▼首塚《くびづか》大明神　京都府京都市西京区大枝沓掛町

【祭神】　酒呑童子

「大江山の鬼退治」あるいは「頼光・綱の鬼退治」で、あまりにも有名な酒呑童子《しゅてんどうじ》の首塚である。錦絵や歌舞伎など、多様な表現形態の題材としてこれまで数多く採り上げられている。

「首塚大明神の由緒書」には次のように記されている。少々長いが、「中央政権から見た典型的な鬼像」であるので転載しておく（＊改行・校閲等は戸矢がおこなった）。

「平安時代初期（西暦八〇〇年頃）丹後の国の大江山に身の丈が大きく、髪は金髪で目の色は蒼く手足の大きい熊のような大男で童子格子の衣服をまとって、多くの山賊を従えて悪事を働く者がいた。その首領を酒呑童子といい人々は鬼といって恐れていた。

夜毎に京都の町へ出て金銀財宝を奪ったり、娘をかどわかしたりして、大江山の山塞では酒宴をはり、かどわかして来た娘に酒の酌をさせ、踊りをさせたりしていた。

京の都や里の人達は酒呑童子という名前を聞いただけで恐れおののき、人々に大きな不安を与えていた。

時の帝は酒呑童子の無法振りを聞いて非常にお怒りになり、当時、京の都でその勇名をはせていた源の頼光とその四天王に征伐を命じられた。

源の頼光とその四天王（四天王とは渡辺の綱、坂田の金時、碓井の貞光、卜部の季武をいう）の一行はこの勅命を奉じて、鬼退治の秘策を練り、鬼退治用の酒を作った。この酒は鬼が飲むと力が弱まり、人間が飲むと力が一層湧き出るという不思議な酒である。

酒呑童子／菱川師宣（東京国立博物館）

源の頼光等一行は山伏姿になり、丹後の大江山へ分け入り、酒呑童子の山塞を探していたところ、山渓のせせらぎにしのび泣きながら洗濯をしている女を見つけ、この奥深い山中で女を見ることは不思議と思い問い質して見ると、京の都から酒呑童子にかどわかされて来た人であった。

一行はこの女を道案内として、酒呑童子の山塞を見つけたのである。

山伏姿の四天王等は、山道に迷ったので一泊をさせてくれと頼みこんだ。こんな山中へ人がくるとはめずらしいと酒呑童子は四天王等を歓迎し、おりからの酒宴の中へ招き入れ酒を振るまった。源の頼光は持参した用意の酒を酒呑童子についでやると喜んでこの酒を飲み、とうとう酔いが廻って来て寝込んでしまった。

源の頼光等は酒呑童子の首をかき切り、残った山賊どもを全部退治してしまった。源の頼光とその四天王は酒呑童子の首を証拠にせんと都に帰る途中、老の坂峠（現、首塚大明神付近）で一休みして、鬼退治の手柄話に花を咲かせていた。

ところが道端の子安地蔵尊が、鬼の首のような不浄なものは、天子さまのおられる都へは持って行くことはならぬと言われたが、四天王の一人で熊と相撲をとったといわれる力持ちの坂田の金時が鬼の首級は証拠の品だから京の都へ持って行くと力んだが、丹後の大江山から持って来た首が急に重くなりどうしてか持ち上がらなくなってしまった。

そこで源の頼光と四天王は鬼の首を京の都へ持ち帰ることをあきらめ、丹波の国と山賊の国の国境である、現首塚大明神のある場所に酒呑童子の首を埋めて首塚をつくったと伝えられている。」

しかしながら、酒呑童子はこの征討に対して批判している。元々われわれは先祖伝来の地である比叡の山に住んでいたのに、都から伝教大師という悪人がやってきて、われわれを追い払って延暦寺を建てた、というものである。立場が代われば、視点も正反対になる。しかし〝退治〟されてしまったから、彼らの視点からの主張はほとんど残らなかったということだ。

▼鬼石《おにいし》（射楯兵主《いたてひょうず》神社境内神社）兵庫県姫路市総社本町

【祭神】大江山の鬼の首

酒呑童子の首塚は、こちらにもある。

そもそも鬼退治伝説の舞台である大江山そのものが、丹後と丹波の二説ある。だからというわけでもないだろうが、首塚も二つある。

なお、大江山の鬼退治伝説には酒呑童子に先行して、他に二つある。

日子坐王《ひこいますのおう》（崇神天皇の弟）が土蜘蛛、玖賀耳之御笠《くがみみのみかさ》という鬼を退治したという伝承（『古事記』）。

もう一つは、麻呂子親王《まろこしんのう》（当麻皇子《たいまのみこ》／聖徳太子の弟）が英胡《えいこ》、軽足《かるあし》、土熊《つちぐま》という三鬼を退治したという伝承（「清園寺古縁起」）である。

しかしこれらの鬼の正体は、酒呑童子と同様に、山中に依拠して、都に強盗強奪などを繰り返す賊徒集団であろう。

黒澤明監督の映画『七人の侍』は、繰り返し襲ってくる賊徒集団を討伐するために、浪人者を七人雇うというお伽噺であるが、その原型がこれらの鬼退治伝説であるだろう。実際にこのような賊徒は都の周辺には少なからずいたはずで、その首領格の者は「鬼」として怖れられて、様々な「鬼の幻影」を生み出したに違いない。しかしこれらは、本書が探求している「鬼神」とは無関係であって、単なる犯罪者にすぎない。それを「鬼」として物語化して描くのは、民衆の恐怖心が作り上げた幻影である。そして、そういった幻影について論じるのは本書の役割ではないので、どうぞ他を参考にされたい。

▼温羅《うら》神社（吉備津彦神社末社）岡山県岡山市北区一宮
【祭神】温羅和魂《うらのにぎみたま》

「温羅」（うら、おんら）という呼び名がどこから来たものか不明であるが、吉備津彦神社の伝承ではこれが鬼の名前ということになっている。訓読が確定しないのは、元々が漢字であるということであろうから、渡来であろう。

伝承によれば、温羅は、吉備国の外から飛来して、つまり外国から来訪して、この地方に製鉄技術をもたらしたとされる。それによって、この後、吉備は刀剣などの名産地となる（備前長船などの名刀で名高い）。

そして温羅は、難攻不落の鬼ノ城を拠城として吉備一帯を支配するようになったという。

統治権を奪われた土着の者たちは、奪い返すべく朝廷へ訴えた。

時の崇神天皇は、四道将軍の一人であった吉備津彦命を討伐軍の将として差し向けた。

討伐軍は、現在の吉備津神社（吉備津彦神社とは別）の場所に本陣を構えた。

戦端が開かれると、吉備津彦命は矢を一本ずつ射たが、矢はすべて岩に飲み込まれて効果がない。そこで命は、一度に二本の矢を射たところ、温羅の左目に命中した。

すると温羅は雉《きじ》に化けて空へ逃げたので、吉備津彦命は鷹に化けて追ったところ、今度は温羅は鯉に化けて水中に逃げたので、吉備津彦命は鵜となって、ついに温羅を捕らえ、討ち取った。

討ち取られた温羅の首は晒されたが、首はしばしば目を見開いて唸り声を上げた。

それを民衆が怖れるので、吉備津彦命は、犬飼武命に命じて首を犬に食わせて骨としたが、それでもなお静まらなかった。

そこで吉備津彦命は、吉備津宮の釜殿の竈の地中深くに温羅の頭蓋骨を埋めたのだが、それからも唸り声は十三年間にわたって鳴り響いた。

そんなある日、温羅の霊が吉備津彦命の夢に現れた。そして「わが妻、阿曾媛に、釜殿の神饌を炊かせよ」と告げた。そしてその通りに神事をおこなうと、唸り声はついに静まった。これ以後、釜殿では神饌を炊くことによってその年の吉凶を占うようになった。これが現在まで続く「鳴釜神事」である。

吉備地方には多くの遺跡が残されているのだが、なぜか吉備津彦命関連の遺跡よりも、温羅関連の遺跡のほうがかなり多い。伝承によれば右に紹介した通り、悪鬼として討伐されたことになっている。しかし実は、地元では温羅は人々に親しまれていたのかもしれないと考えるのは私ばかりではないだろう。渡来人に統治権を渡すわけにはいかず、朝廷は武力で対処したということではないだろうか。当時最先端の製鉄技術は、中央政府が直接管轄するという強い政治的意向があったのに違いないと思われてならない。

なおこの伝承は、「桃太郎の鬼退治」のモデルと言われているが、特に根拠は見当たらない。全国各地においても、ほとんどの鬼は悪鬼とされて退治される運命にあるから、モデルというなら、すべての鬼がモデルであろう。そして桃太郎とは、征夷大将軍を始めとする朝廷配下の武人たちのことであろう。すなわち、「桃太郎」とは、ヤマトタケル説話と同様の「国家統一譚」の一種であるだろう。

吉備津神社の御釜殿（上）と、その内部（下）撮影・著者

ちなみに、吉備津神社が吉備津彦の墳墓で、吉備津彦神社は温羅の墳墓であろうと私は推測している。両社は、距離にしてわずか二キロメートルしか離れていない。

▼吉備津神社　岡山県岡山市北区吉備津

【祭神】大吉備津彦命　（配祀）日子刺方別命　倭飛羽矢若屋比賣命　千千速比賣命　大倭迹迹日百襲比賣命　御友別命　若日子建吉備津彦命　中津彦命　日子寤間命

▼吉備津彦神社（通称　吉備津宮《きびつぐう》）岡山県岡山市北区一宮

【祭神】天御中主大神　高御産巣日大神　神御産巣日大神　天之常立大神　國之常立大神　伊邪那岐大神　伊邪那美大神　天照皇大御神　月讀大神　素戔嗚大神　建日方別大神　大山津見大神　大國主大神　事代主大神　少彦名大神　宇迦之御魂大神　天津神　國津神　八百萬神　大吉備津日子大神　（配祀）吉備津彦命　孝靈天皇　孝元天皇　開化天皇　崇神天皇　天足彦國押人命　大倭迹迹日百襲比賣命　大倭迹迹稚屋比賣命　金山彦命　大山咋命　日子刺肩別命　龍王神

祭りに鬼神が登場するものはユネスコの来訪神登録に限らず、全国に無数にある。にもかかわらず神社の祭神に鬼が少ないのは、別の名前で祀られているのかもしれない。それならば鬼祭りをおこなっている神社が、祭神にどのような神を祀っているのかというと、実はその大半が記紀にある著名な神であって、どうやらあとから鬼のイメージに合わせて選んだようだ。勇猛な神、異形の神ということで、スサノヲや猿田彦、ヤマトタケルなどが祀られているのだが、記紀神が全国に（とくに東北に）広まるのはだいぶ後世になってのことで、古社とされているものの発祥とは年代的にだいぶ誤差がある。

なお、もし仮に、鬼になって祟ったとされた菅原道真を祀る神社をも「鬼を祀る神社」であるとするなら、その数は一万数千社余にも及ぶことになるが、それは違うだろう。天神社の大部分は、道真の学問に優れた面を信仰対象としたもので、祟りや天罰とは無縁である。強いて言えば、祭神は鬼ではないが、怨霊由来として該当するのは北野天満宮を始めとする数社のみであるだろう。それらは、往々にして社名や通称等に「鬼」が入っている。

鬼を社名に採用している神社

では、もう一つの手掛かりである、社名（通称も含む）に「鬼」が入っている神社がどの地域にどれくらい存在するかということになる。その総数は全国に六十一社である（神社本庁登録）。

しかもそのうち**四十二社**は長野・静岡・石川・岐阜を含めた東国に鎮座している。祭神は様々であるが、これは後世の変更や合祀からの格上げなどがあるので、さほど重要ではないだろう。全国的に馴染みのある記紀に登場する神名や、世俗的に著名な神名になっているところは、そういった疑いは当然避けられない。

たとえば以下の五社などは典型であるだろう。祭神としているものの名から、当時人々が誰を鬼と見做していたのかということが判明することになる。

▼巖鬼山《がんきさん》神社　青森県弘前市十腰内字猿沢
【祭神】大山祇神
▼天満《てんまん》神社（通称　佛鬼天神《ふつき》）山形県山形市小白川町
【祭神】日本武尊　菅原道眞
▼鬼越《おにごえ》神社　福島県東白川郡鮫川村大字西山字鬼越
【祭神】武甕槌命
▼鬼渡《にわたり》神社（通称　鶏《にわとり》大権現）福島県郡山市片平町字中ノ沢
【祭神】猿田彦神　（合祀）熊野大神
▼鬼王《おにおう》神社　熊本県玉名郡南関町上坂下

【祭神】菅原道眞

ただ、なかには特殊な神が祀られている社もあって、これは注目に値する。記紀にない神名は、記紀の成立した八世紀より古くから信仰されていたと考えられるからだ。であるならばその神こそは「鬼」の正体の一つかもしれない。

つまり、ヤマトに受け入れられなかった神であり、ヤマトの系譜とはまったく別の神であるということになるだろう。そしてそれらは海の彼方からの来訪神であるかもしれないし、あるいは人々がそこに住み着く以前からその地にいた土俗神かもしれない。


なかでも特異なのは「鬼渡神社」である。総数十八社であるが、そのうちの十五社は福島県に鎮座する。訓読は「きわたり」「おにわたり」「にわたり」「きと」等あるが、いずれも元は同一であろう。「にわたり」がさらに訛って「鶏（にわとり）」にまでなっているのは、まさに俗信発生の典型例を見るようで、なにやら微笑ましい。

そしてその祭神は「阿須波神」と「波比伎神」がほとんどである。この神は、『古事記』には登場せず、『日本書紀』のみに登場する（古代の祝詞《のりと》にも一部見える）。年神とも土地神ともされる地方神である。

社名に「鬼」の字を含む神社を以下に列挙しておこう（右既出五社を除く）。いろいろと興味深い事実が見えてくるだろう。

▼鬼《き》神社（通称　鬼神《おにがみ》さま）青森県弘前市鬼沢字菖蒲沢
【祭神】高照比女神
▼駒形神社（通称　鬼越蒼前《おにこしそうぜん》神社）岩手県滝沢市鵜飼
【祭神】駒形大神
▼鬼生《おにゅう》稲荷神社（萱谷神社境内神社）福島県田村市滝根町萱谷字畑中
【祭神】宇賀魂神
（＊以下十五社は鬼渡神社／福島県内鎮座）
▼鬼渡神社（きわたり）（通称　きわたりさま）福島県郡山市湖南町福良字舘ノ下
【祭神】阿須波神　波比岐神
▼鬼渡神社（おにわたり）福島県南会津郡下郷町大字栄富字堂林丙
【祭神】阿須波神　豊城入彦命　波比伎神
▼鬼渡神社（にわたり）福島県南会津郡南会津町下山字上高野田
【祭神】祭神不詳

▼鬼渡神社（おにわたり）福島県南会津郡只見町大字長浜字居廻

【祭神】阿須波神　波比伎神

▼鬼渡神社（おにわたり）福島県南会津郡只見町大字十島字上居平

【祭神】阿須波神　波比伎神

▼鬼渡神社（おにわたり）福島県南会津郡南会津町耻風字上平

【祭神】阿須波神　（配祀）波比岐神

▼鬼渡神社（きわたり）福島県会津若松市高野町大字中沼字江添丙

【祭神】阿須波大神

▼鬼渡神社（おにわたり）（蠶養國神社《こがいくにじんじゃ》　境内神社）福島県会津若松市蚕養町

【祭神】阿須波神　波比岐神

▼鬼渡神社（おにわたり）福島県喜多方市熱塩加納町米岡字上台乙

【祭神】阿須波神　波比岐神

▼鬼渡神社（きわたり）福島県会津若松市河東町倉橋字クネノ内丙

【祭神】阿須波能神　波比岐能神

▼鬼渡神社（きわたり）福島県河沼郡会津坂下町大字勝大字鬼渡山

【祭神】阿須波神　波比岐神

▼鬼渡神社（きわたり）福島県河沼郡湯川村大字田川字作園

【祭神】阿須波神　波比岐神　（配祀）住吉三神　天照大神　磐梯明神
▼鬼渡神社（きわたり）福島県河沼郡柳津町大字猪倉野字屋敷添
【祭神】阿須波神　波比岐神　（配祀）應神天皇　倉稲魂神
▼鬼渡神社（きわたり）福島県河沼郡柳津町大字大柳字宮ノ前
【祭神】阿須波神　波比伎神
▼鬼渡神社（にわたり）福島県河沼郡柳津町大字冑中字牧
【祭神】伊邪那岐命　伊邪那美命
▼松崎稲荷神社（通称　鬼門稲荷）福島県いわき市平字梅香町
【祭神】稲倉魂命
▼鬼越《おにごえ》神社　福島県いわき市錦町鬼越下
【祭神】不詳
▼鬼渡《きわたり》神社　茨城県常陸大宮市檜山
【祭神】武甕槌命
▼鬼渡《おにわたり》　神社　茨城県笠間市手越
【祭神】武甕槌命
▼鬼石《おにし》神社　群馬県藤岡市鬼石
【祭神】磐筒男命　伊邪那岐命　伊邪那美命

▼七鬼《しちき》神社（箭弓《やきゅう》稲荷神社境内神社）埼玉県東松山市箭弓町

【祭神】八衢比古神《やちまたひこのかみ》　八衢比賣神　久那斗神

▼七鬼《しちき》神社（唐子《からこ》神社境内神社）埼玉県東松山市下唐子

【祭神】八衢比古神　八衢比賣神　久那斗神

▼鬼鎮《きじん》神社（通称　鬼鎮様《きじんさま》）埼玉県比企郡嵐山町川島

【祭神】衝立船戸神　（配祀）八衢比古命　八衢比賣命

▼天児安《あめのこやす》神社（通称　鬼子母神様）埼玉県秩父郡東秩父村皆谷

【祭神】木花開耶姫命

▼鬼林《おにばやし》　稲荷神社（熊野大神社　境内神社）埼玉県深谷市東方

【祭神】倉稲魂命

▼稲荷鬼王神社　東京都新宿区歌舞伎町

【祭神】宇賀能御魂命　月夜見命　大物主命　天手力男命　（合祀）旧大久保村の神

▼鬼木《おにき》神社　新潟県三条市鬼木

【祭神】健御名方命　（合祀）菅原道眞　宇賀靈命　天照皇太神

▼鬼立木《おにたちき》神社　長野県茅野市金沢字鬼立木

【祭神】高龗神《たかおかみのかみ》

▼鬼ケ城社《おにがじょう》　長野県下伊那郡喬木村字氏乗山
【祭神】天之迦具土
▼青鬼神社《あおおに》　長野県北安曇郡白馬村大字北城字善鬼堂
【祭神】大地主神
▼鬼無里神社《きなさ》　長野県長野市鬼無里字町
【祭神】健御名方命　（配祀）八坂刀賣命　素盞嗚命　（合祀）大物主命
▼鬼頭神社《きとう》（神明神社境内神社）岐阜県養老郡養老町大巻字八ノ割上東葭野小坪
【祭神】不詳
▼後鬼前鬼神社《ごきぜんき》（浅間《あさま》神社境内神社）静岡県御殿場市川島田
【祭神】祭神不詳
▼岩井戸神社《いわいど》（通称　猿鬼《さるおに》の宮）石川県鳳珠郡能登町柳田字当目
【祭神】大己貴神　石衝別命　菊理姫命
▼鬼屋神社《おにや》　石川県輪島市門前町門前
【祭神】天照大神　豊受大神
▼鬼太神社《きた》　三重県鈴鹿市木田町
【祭神】大山津見神　（配祀）大雀命　豊宇氣毘賣神
▼鬼嶽稲荷神社《おにたけいなり》　京都府福知山市大江町北原早谷

【祭神】倉稲魂命

▼鬼門《きもん》神社（通称　鬼門さん）奈良県五條市西吉野町湯川

【祭神】祭神不詳

▼大鬼《おおおに》社（廣峯《ひろみね》神社境内神社）兵庫県姫路市広嶺山

【祭神】伊弉諾命

▼小島《おしま》神社（通称　鬼道様《きどうさま》）岡山県岡山市原尾島

【祭神】小嶋神（合祀）應神天皇

▼鬼神《おにかみ》神社（通称　上宮伊賀多気《かみのみやいがたけ》神社）島根県仁多郡奥出雲町大呂

【祭神】五十猛命《いそたけるのみこと》　素盞嗚尊（合祀）大名牟遅命《おおなむちのみこと》　大鷦鷯命《おおさざきのみこと》　熊野杼樟日命

▼鬼門《きもん》神社（青木神社境内神社）徳島県名西郡石井町高川原字高川原

【祭神】櫛石窗神　豊石窗神

▼鬼籠野《おろの》神社　徳島県名西郡神山町鬼籠野字東分

【祭神】大日靈尊《おおひるめのみこと》　金山彦命　埴安姫命　軻遇突智命　句句廼馳命　罔象女命《みずはめのみこと》　國常立命

▼鬼無町《きなしちょう》忠魂社（熊野権現桃太郎神社境内神社）香川県高松市鬼無町鬼無

【祭神】護国の英霊

▼鬼《おに》神社（国玉《くにたま》神社境内神社）福岡県豊前市大字求菩提

【祭神】大山祇命　火具土命　經津主命　大己貴命　金山彦神　埴山姫命　雷命
須佐男命

▼鬼《おに》神社（天満社境内神社）大分県大分市大字神崎

【祭神】大己貴神

▼鬼塚稲荷神社（弘生《ひろお》菅原神社境内神社）熊本県合志市合生

【祭神】倉稲魂神

▼鬼臼彦山《おにうすひこさん》神社　熊本県阿蘇郡小国町上田

【祭神】辛國息長大姫大目命（合祀）大年神

▼鬼嶽《おにたけ》神社（濱《はま》八幡宮境内神社）熊本県水俣市八幡町

【祭神】高龗《たかおかみのかみ》　神

▼鬼池《おにいけ》神社（通称　十五社《じゅうごしゃ》）熊本県天草市五和町鬼池

【祭神】天照皇大神（合祀）應神天皇　阿蘇十二社

▼鬼塚《おにづか》天満宮（牛深《うしぶか》八幡宮末社）熊本県天草市牛深町

【祭神】菅原道眞

▼鬼塚十五社宮（牛深八幡宮末社）熊本県天草市牛深町

【祭神】阿蘇十二神　宗像大神

▼鬼神野《きじの》神社　宮崎県東臼杵郡美郷町南郷鬼神野

【祭神】市杵嶋姫命　國常立命　伊弉諾命　息長足姫命　保食命
（＊ここに挙げたもの以外にも神社本庁未登録のものがあると思われるが既存資料では不明。）

以上、神社の祭神と社名からは、「鬼」と関わりのある神社は、
総数**七十八社**（鬼石含む）で、
そのうち**五十四社**が東国に、
さらにそのうち**二十六社**が福島県に鎮座する。
なお、二番目に多いのは熊本県の**七社**で、他は特に集中現象は見られない。

つまり、鬼の神社は東国に大半が鎮座し、しかもその半数近くが福島県に鎮座しているということである。
結果、どうやら福島県は「鬼の国」のようである（さらにその中の南会津郡と会津若松市は、さしずめ鬼の里ということになろうか。会津には、そんな反骨の血脈が古来流れているのかもしれない）。
「福島」という地名は廃藩置県の際に福島藩由来で採用されたもので、若松（会津）、磐前《いわさき》とともに由緒深い地名である。その「福」の島が「鬼」の国であるというのは奇妙な巡り合わせで、しかし多くの鬼祭りも示唆しているように、実は鬼は福をもたら

す神だとして信仰されていたようだ。そして日本全国で鬼祭りが盛んなのは、それこそが理由であるのだろう。

また、それとは逆の「鬼は外、福は内」の起源ともなっている追儺《ついな》が、ヤマトの祭儀であるのはそれなりの理由があってのことである。

ちなみに「節分」と「鬼追いの豆撒き」とは無関係である。

節分の本来の意味は「立春の前日」のことで、つまり「明日から春になる日」ということだ。これは文字どおり「季節を分ける」という意味で、だから立夏、立秋、立冬の前日も節分である。もっとも今では他の節分にはとくに行事はない。やはり「春が来る」というのは、特別なことなのだ。

しかし一般に「節分行事」と思われているものは、実は「追儺《ついな》」のことで、節分とは無関係である。追儺とは「鬼追い」という意味で、「儺」だけで「おにやらい」とも読む。

元々は中国の古い宮廷行事で、平安時代には陰陽師が重要な役を果たす朝廷行事の一つであった。現在も、京都の平安神宮では、毎年二月三日に節分行事がおこなわれるが、とくに平安時代の追儺を再現した、古式の「大儺之儀」は見ものである。他では、まず見ることができない。朝堂院に設けた斎場の四隅に四色すなわち四神の垂を掛けて結界とし、そこで儀式はおこなわれる。大ヒット漫画『陰陽師』では、愛すべき副主人公の源博雅《みなもとのひろまさ》が方相氏《ほうそうし》となって、黄金の四つ目の面を被っていたが、まさにそのままに「鬼やらう！」と発声する。続けて、上卿が桃の木の弓で、葦の矢を射て邪気を祓う。「桃」と「葦」は、祓いの呪力を持つとされている植物だ。

これが節分行事の原型「追儺」であるが、ここに「豆撒き」はない。

門客人神社

節分行事は、本来は大晦日の大祓《おおはらい》におこなわれる行事であるが、西暦に替わったときに、二月の立春の節分行事として定着した。立春のための年越し日である節分と、年越しの祓え行事としての追儺が、つごうよく融合したものが現在の節分である。ついでに、古神道で「呪物」である豆には、古来、魔を祓う力があるとされている。追儺の桃の弓や葦の矢の代わりに、簡単な豆撒きを採用したというところだろう。

なお、祭神に鬼は見られず、社名に鬼も使わず、にもかかわらず重要な神社がある。写真の門客《もんきゃく》人《じん》神社である。

▼門客人神社（氷川神社摂社）埼玉県さいたま市大宮区高鼻町

【祭神】足摩乳命《あしなずち》　手《て》摩乳命《なずち》

武蔵国一宮である大宮氷川神社の境内に居候のように鎮座している。祭神は、記紀系の国津神である足摩乳命、手摩乳命の夫婦神となっているが、これは氷川神であるスサノヲの妻・イナダヒメ（クシナダヒメ）の両親であることからの陪神という位置づけであろう。

しかし実は、門客人神社の元々の呼称はアラハバキ神社であるとされる。むろん祭神も、アラハバキ神であったという。

アラハバキ（荒脛巾）が何者か、いまだ不詳であるが、その姿は遮光器土偶そのものであったという説や、平将門に先んじて挙兵した叛乱軍の首領であったという説など、いくつか伝えられている。いずれにしても、東人の先祖に連なるものであって、ヤマトに討伐されたことは間違いないだろう。

氷川神社そのものも、元々はアラハバキ神社であったという説もあって、文献上も祭神がスサノヲであるのを確認できるのは江戸時代までしか遡ることができないためもある。アラハバキ伝説は、それよりもはるかに古い。氷川神社は武蔵国を中心に関東地方でのみ信仰されている神であるが、その祭神が記紀神の代表格の一つでもあるスサノヲであるのは、いかにも政治的な作為が感じられる。

ちなみに門客人神社は、大宮から分祀勧請されたいくつかの氷川社に同じように境内摂社として祀られている。これも、ヤマト朝廷による東国の籠絡戦略の一つであったのかもしれない。土俗の鬼神を封じるために、最大最強の荒魂《あらみたま》であるスサノヲをもってきたのはまさにそういうことであるだろう。東北地方の「鬼まつり」は、アラハバキを偲ぶ祭りだと言われる由縁であろう。

東国とヤマトで、このような対照的な鬼の位置づけは、それぞれに拠って立つ人々を画然と分けるようだ。そして少なくとも、東国の人々にとっては鬼は神であると理解できる。鬼神の勢威で、福島に、ふたたび「福」を招き寄せるよう祈りたい。

第4章　女が鬼になる時　舞い踊る夜叉

般若

将門には娘がいた。名を五月姫《さつきひめ》といった。将門の死後、出家して尼僧となって父親の菩提を弔ったという。それ以上の記録は存在しない。

ところが、彼女は滝夜《たきや》叉《しゃ》姫という名に変えられて、伝説の鬼となった。

夜叉とは、もともとはサンスクリット語などで、鬼のことである。サンスクリット語ではयक्ष、yakṣa、パーリ語ではयक्ख、yakkha。これらの音写が「ヤシャ」である。訳語としては、暴悪神・捷疾鬼などあるが、一般的に古代インド神話に登場する鬼神を総称する語である。つまり舞台や映画にもなっている泉鏡花が著した「夜叉ケ池」とは「鬼の池」ということになる。

さて、父将門が討たれ、一族郎党滅ぼされるなかで、五月姫のみ生きながらえた。そして怨念成就を祈念するために貴船神社にて丑《うし》の刻《こく》参りをおこなう。ついに二十一夜目の満願に、呪詛神・貴船明神の荒魂《あらみたま》より妖術を授けられる。また、お告げにより滝夜叉姫と名も改めて（つまり鬼となれと命じられたということ）、故地・下総において、夜叉丸・蜘蛛丸らの手下を率いて叛乱を起こした。朝廷は直ちに討伐の勅命を発し、朝廷軍との激闘の果てに滝夜叉は討ち取られ、父将門のもとに昇天したという。

このように伝説では鬼となった滝夜叉姫であるが、実際には尼僧となっている。その墓は、茨城県つくば市松塚にある。

滝夜叉姫が丑の刻参りをする貴船明神は、能曲『鉄輪《かなわ》』でも重要な役割をなす〝呪詛神〟である。呪いの丑の刻参りを連夜おこなう女、怨念にとらわれた女は、ここで初めて「ツノ」のある姿となる。

能面般若／河内作（東京帝室博物館）

「般若」といえば、鬼女の能面を指すというのが今や私たちの常識になっている。しかし、般若は「般若波羅蜜多心経《はんにゃはらみたしんきょう》」に由来する経文であって、本来、鬼とは何の関係もない。むしろ魔を調伏《ちょうぶく》するという効果ある経文とされていて、『源氏物語』では、生き霊を退散させるために般若心経を唱えたというくだりがある。

これが般若面という命名の由来だという説もあるが、意味からいえば、むしろ正反対であろう。「はんにゃ」という不思議な発音が、またそれに輪をかけて増幅しているのかもしれない。面の作者が般若坊という名であったことに由来するという説もあるが、詳細は不明である。


ちなみに能楽の般若面は、生成、中成、本成、真蛇の四段階ある。ただし最終形の真蛇は、般若が進化して、ついには蛇の姿になったというもので、これにはツノはない。

それまで、怨霊は鬼ではなかった。怨霊は怨霊であり、鬼は鬼であり、まったく別物であった。能が、怨霊を鬼にした。


能曲は、その大半が怨霊をテーマとしている。

さらにそのうちのいくつかは、登場する怨霊を鬼の姿とした。そしてその演出手法は「ツノのある鬼の面」を着装することであった。その面こそは、「般若」である。

美しい女が、恨みや妬みに取り憑かれた果てに、ついには鬼女となるのだ。お馴染みの「葵上」「安達原」「紅葉狩」、いずれも般若面で、女の怨念を具体的な形にしてみせたそのインパクトは絶大であった。

しかし般若は女性に限られている。男性の怨霊にはツノは生えない。ツノが生えて伸びるまで、女の怨念は消えないのだという、男側からの恐怖心の具象化であるのだろう。男性の怨念は、それほど長続きしないと自認しているかのようだ。

それまでの鬼伝説は、どちらかといえば男性であって、赤黒い筋骨隆々の巨人であって、暴力的な魔物であった。つまり、女性的なるものとは対極にある存在と言ってよい。

それがここにきて、突然変異のように鬼女と化した。ツノが生えて、牙をむき、恐ろしい表情で見る者を威嚇する。鬼女の面は、般若と呼ばれるようになった。

以来、これを鬼の代表とする思考が強まった。さしずめ、怨恨がツノとなって頭蓋から出張るとする発想であるのだろう。ツノは、怨恨が凝り固まったものとされるようになったのだ。さしずめ、ひときわ高く尖った骨である。日本文化には珍しい「奇形」の誕生である。

実は、日本には「奇形の文化」はほとんどない。

ところが中国には、獣の頭部がついた人体など、奇形の怪物は数限りなく存在する。

これはある種、民族性の違いかもしれない。長い歴史の中で、さまざまな物や事を日本は大陸から輸入してきたが、「纏足《てんそく》と宦官《かんがん》だけは輸入しなかった」とは、しばしば言われることである。

周知のように、「纏足」とは、唐の時代から始まった風習で、女性の足首から先だけをきつく包帯で巻き締めて、幼児の状態のままにすることである。こうして育てられた女性は、大人になってもよちよち歩きをするために、股間の筋肉が特別な発達をし、性的魅力があるとされた。

また「宦官」は、去勢された男性官吏のことである（漢時代以後）。もとは刑罰で去勢（宮刑《きゆうけい》）された者を宮廷で使役したのが始まりとされるが、後には自主的に去勢して宦官を志願するようになった。去勢の結果、男性器および生殖能力を失うことで、皇帝の周囲や後宮においてもいわば安全な男性スタッフということで当初は重用された。後には様々な問題を孕むようになるが、権力に近い存在であり続け、明時代には十万人もいたとされる。

しかし日本の歴史には、どちらもほぼ存在しない。朝鮮や台湾は纏足・宦官ともに導入しているが、日本はついにどちらも移入した形跡はほとんどない。両者とも人工的に作り出す奇形であって、多くの日本人はおぞましいものと感じていたようだ。

想像力の範疇においても同様に、日本人は奇形のアイドルをほとんど生み出さなかった。漢土には、すでに紀元前十七世紀の殷時代から、饕餮《とうてつ》や龍や麒麟《きりん》を始めとして、想像上の怪物＝幻想動物が数限りなく存在するが、日本では天狗や河童など、人間と相似形の妖怪をわずかに数えるばかりである。例外的に、江戸時代になって怪談錦絵が流行し、絵師が競ってろくろっ首やのっぺらぼうなど様々な妖怪変化を生み出すが(百鬼夜行)、これらは人体の部分変態によっていて、滑稽味を特徴とする愛すべき化け物たちである。

奇形は、人間が生物である以上、一定の割合で誕生するが、日本人はこれをひた隠しにした。徹底的に隠し続けて、最終的にはないものにした。日本人は、それほどに奇形に対しては拒否感・違和感を持っているということなのだろう。

しかしその日本にも、少数だが奇形文化が生まれた。その代表が「鬼」である。大和言葉の「おに」ではなく、輸入された漢字の「鬼」を充てた鬼である。

鬼は奇形といっても、実際のところは「ツノ」だけで、他の造形は人間と基本的に変わらない。

「おに」は、和語（大和言葉）であって日本独自の存在であるが、「鬼」という漢字をあてると範囲は広がることになる。大陸には殷や周の時代から奇形の怪物がいて、その一部は「鬼（き）」と呼ばれていた。しかし彼らには「ツノ」はない。

「北野天神縁起絵巻」に見えるように、怨霊はその頃から鬼とされていたが、それは男性であった。女性の怨霊を表すのに、ツノの生えた鬼の形を採ったのは、能楽が嚆矢かもしれない。

能楽は、すべて「怨霊の鎮魂」をテーマとしている。とすれば、ドラマツルギーとして、いかに怨霊の恨みが深いかを見せた上で、それを解消することになる。般若面にツノと怒りと狂気とを凝縮したのは、ひとえにその発想によるものだろう。ツノが生えることによって、つまり稀有な奇形となることによって、女の怨念は際立つものとなったのだ。

恨みの人、世阿弥

能楽は、女性の恨みを鬼に化身させたのだが、その〝犯人〟は世阿弥である。

能楽の完成者としてあまりにも有名な世阿弥という人物は、八十歳で没しているので、室町時代当時としてはたいへんな長寿であった。しかしその人生は文字通り波瀾万丈であって、成功者と呼ぶにはあまりにも激しい浮沈に揺れている。その人生と作品とは通底するものがある。

世阿弥の作になる曲目は、多くの人によって子細に論じられてもいるのでここでは個別にふれることは避けたいが、その根底にある作者の姿勢については掘り下げないわけにはいかない。なにしろ、女性怨霊を鬼として描いた〝犯人〟だからである。

世阿弥の幼名は「鬼夜叉」という。前述したように、夜叉とはサンスクリット語で鬼のことである。父親の観阿弥が名付けたのであろうが、幼名から鬼とは深い因縁がありそうだ。

世阿弥は当初、能において「幽玄」を追求した。しかしすぐに「修羅」の境地に立ち至っている。幽玄は優美さを求めるものであったが、修羅は怨恨や嫉妬に狂うものである。人間の「業」である。

そしてその成果が、怨霊を主人公とする多くの謡曲（能の脚本）に結実した。これが、能狂言の原型となった。それ以後の他の作者のほとんどは世阿弥の作風を踏襲した亜流にすぎない。

鬼の謡曲は、自分の娘を食らう鬼婆となった女を描いた「黒塚（安達原《あだちがはら》）」（世阿弥改作）があまりにも有名だが、般若面を用いた演目は以下の通りである。

「黒塚（安達原）」（世阿弥改作）
「葵上《あおいのうえ》」（世阿弥改作）
「道成寺《どうじょうじ》」（観世小次郎信光作）
「海女《あま》」（世阿弥か金春作）

「鉄輪《かなわ》」（不明）
「紅葉狩」（観世小次郎信光作）

世阿弥は、女の恨みを、ツノの生えた恐ろしい容貌に変えて（象徴させて）、怨恨とはこのような形になって目に見えるのだと、独断した。それは、世阿弥のゆがんだ心情が生み出した創作である。般若面を用いぬまでも、恨みや妬みを形象化した鬼女面（ツノのない鬼面）は、橋姫《はしひめ》、泥眼《でいがん》、山姥《やまんば》、痩女《やせおんな》などがあり、これらを用いた演目は多様である。

ツノの発想そのものは、鬼門から生まれているので、世阿弥以前から存在した。ウシトラの方位が鬼門であるところからの「牛のツノ」である。ただ、それを、恨んだり妬んだりする女性の頭に生やすことにしたのは、世阿弥である。世阿弥の女性観が形になったということだろう。そのような彼の女性観がどうして出来上がったのか、それはわからない。母由来か、接してきた女性遍歴によるものか。それについては、これまで少なからぬ世阿弥研究家が長年取り組んでこられたので、それらを参照されるのがよいと思う。ここでは改めての検証はおこなわない。

なお、江戸時代となって浮世絵や錦絵が好んで鬼を採り上げるようになったのは、ひとえに江戸の民衆がそれを求めたからである。江戸人は京都人のように鬼を怖れてはいなかったが、なぜか血腥《ちなまぐさ》い事件を好んで求めた。江戸歌舞伎がもっぱら荒事《あらごと》で人気を博すのも、この気質に由来しているのだろう。

ツノがないのが本来の鬼である

「ツノ」は、鬼の属性や条件としては比較的新しい。ツノがなくとも、否、むしろツノはないのがもともとの鬼の姿である。ツノによって特徴付けるようになったのは、体格に異常性を求めずに、体型に異常性を求めたことによるだろう。能舞台では巨人を起用するわけにはゆかないが、面の造作だけで異常性を表現できるのであれば、それに越したことはないというものだ。

そして「ツノ」が、生えた。そしてその姿を、恐怖の象徴とした。一目見ただけで怖れられる可哀相な鬼たちは、ここから発生したのだ。

いうまでもないことだが、能曲の作者は、一人残らず男性である。舞うのも奏するのもすべて男性であるが、なによりも作者が男性であるのだ。だから、女性を描くのに、恨みや怒りを「鬼」の姿と成したのは、異性であるがゆえの酷薄さもあるだろう。

同じ舞台に登場する男性たちについては、いかに巨大な恨みや怒りが伏在していても、作者は一抹の哀れみか情けをもって、決して「鬼」の姿にはしなかった。

能面は負の男面も数多いが、それらは悲哀や哀愁を固定したものがほとんどである。作者の心情が同性である男性たちを「鬼」に化けさせることをよしとしなかったのだろう。実は能には酒呑童子を語る「大江山」もあるのだが、用いる面にツノはない。

かくいう私も、文章に描くときには、同性たちにはいささか甘くなる。女性を愛することにかけては人後に落ちない自信があるにもかかわらず、なぜか女性の描写には少しばかりサディスティックになると告白しよう。

しかし本書では、そのような作者の心情にはこれ以上深入りしない。世阿弥その他の作者たちにとって、おそらく鬼の姿こそは必要な表現であったのだろうと思うのだが、これ以上詮索するつもりはない。それは、創作の秘密に属するものであって、私のような者が介入し解明するようなことではないからだ。文学作品の解釈や評価は、それを専門に業とする文芸批評家におまかせするとしよう。

ところでツノのある動物といえば、一角獣ではサイが思い浮かぶだろう。ちなみに象はキバであってツノではない。キバは歯の一種であるから骨であるが、サイのツノは皮膚の一部が角質化したもので、イボの一種である。鬼のツノは頭に二本生えているので鹿や牛のように骨の変形であるだろう。どのみち架空の幻想であるのだから、実在の動物と比較してもあまり意味はないのだが、鬼の造形を生み出した人間の発想に迫ることはできる。つまり、日本人が怖れた造形である。中国のように奇形を発想しなかった日本人が、手探りして見つけ出した最小限の奇形が「ツノの生えた人間」なのかもしれない。かつてそういう肉体的特徴を持った人間がいたのかもしれない。実際にはコブ程度のものであったが、見かたによってはツノにも見えて、それが誇張されて伝えられ広まったものかもしれない。

　埴輪では見かけないが、土偶には頭部の奇形は珍しくない。なかにはツノが生えているように見えるものもある。事実なのか空想なのか判然としないが、土偶は最も古い鬼の表象かもしれない。母なる神、しかし異形の神、抱擁する優しさと、憤怒する怖さと、一体に合わせもつ存在、それが土偶なのだろう。それならば、女性ばかりが鬼となるのも得心がいく。

大癋見（室町時代／東京国立博物館　文化庁蔵）

　ちなみに、能面には、大癋見《おおべしみ》というツノのない鬼面もある。

「能楽の面に大癋見《おおべしみ》と言ふのがあるが、ベシミは「へしむ」といふ動詞から出た名詞で、口を拗り曲げてゐる様である。神が土地の精霊と問答する時、精霊は容易に口を開かない。尤、物を言はない時代を越すと、口を開くやうにもなつたが、返事をせないか、或は反対ばかりするかであつて、此二つの方面が、大癋見の面に現れてゐるのだ。一体日本には、古くから面のあつたことを示す証拠はある。併し、外来の面が急速に発達した為、在来の面は、其影を潜めたのである。

開口は、口を無理に開かせて返事をさせる事で、其を司る者は脇役である。しては神で、わきは其相手に当る。かうしたわきの為事が分化して来ると、狂言になるのだ。勿論、狂言は、能楽以前からあつたものである。大癋見の面は、全く口を閉ぢてゐる貌であるが、此面には、尊い神の命令を聴くと言ふ外に、其命令を伝達すると言ふ、二つの意味がある。即、神であり、おにであるのだ。」（折口信夫「鬼の話」）

大癋見は天狗を体現する面ということになっているが、鼻が突きだしているわけではなく、もともとは折口のいうように鬼である。しかし表情で鬼神の様を表現しながらも、ツノは生えさせなかった。おそらく大癋見の面は、般若の発生よりはるかに古く、田楽由来のものであるからかもしれない。田楽はもともと神の舞であって、能狂言は田楽が人為的に発展創作されたもの（芸能）である。つまり、田楽は神を喜ばせるための「神事」であって、能楽は、人間を楽しませるためのただの「芸能」である。つまり鬼の源流を遡ると神にたどり着くのである。

鬼への恐怖が生み出した御霊信仰《ごりょうしんこう》

御霊信仰は、祖霊信仰とともに、日本人の古くからの信仰形態の二本柱である。御霊とは怨霊のこと。つまり、怨みから祟りをなす死者の霊魂を慰霊するものである。発生から考えれば「怨霊信仰」と呼ぶべきものだが、慰霊して神上がりしたと考えて「御霊」としたものだろう。

奈良時代の末頃から平安時代の初期にかけて多くの政変があり、それにともなっていわゆる〝非業の死〟を遂げた人物が続出した。しかも、同時期に天変地異や疫病が多く、人々はこれを「怨霊の祟り」と考えた。そこで、怨みを鎮め、怒りを解くために、怨霊の慰霊祭をおこない、さらに神として祀った。すなわち祟り鎮め、である。

この慰霊神事を御霊会《ごりょうえ》と呼ぶのだが、日本三大祭りの第一としてあまりにも有名な京都の祇園祭は、正式名称は「祇園御霊会」という。まさに代表的な御霊信仰であるだろう。そして京都こそは御霊信仰の中心である。

▼八坂神社（通称　祇園さん）京都府京都市東山区祇園町

【祭神】素戔嗚尊

祇園御霊会は、京都二条城の南側に隣接する神泉苑《しんせんえん》においておおこなわれたのが発祥とされる。

神泉苑は、桓武天皇が平安京を選定する際に、同時に計画された禁苑である。設計には巨勢金岡《こせのかなおか》が携わり、神仙思想を中心に陰陽道の思想が強く反映されている。大内裏の南東側に隣接して造営され、南北四町、東西二町の総面積八町におよぶ大庭園であった。驚くべきことに、現状の境内地の約十倍強に相当する十二万平方メートルもの広さがあった。約三万六千坪、東京ドーム二個半に相当する。

大池の北側に面して正殿である乾臨閣《けんりんかく》があり、緑釉の瓦屋根には金色の鴟尾《しび》が輝いていた。その正殿の左右に閣、東西に釣台があり、廊でつながれていた。敷地の北端部にあった湧泉から池までの流れは川を成し、滝となり、橋を架けて滝殿も構えられていた。これらの堂々たる宮殿建築は、その後の寝殿造や浄土庭園の先駆けとなるものである。

桓武天皇以来、平城天皇、嵯峨天皇はしばしば苑に行幸し、宴遊したと記録にある。季節に応じて、舟遊びや観月、競馬、七夕、相撲、狩猟、釣魚などがここでおこなわれている。

いまは二条城の南側に位置する小規模な庭園として、真言宗東寺派の寺院になっているが、本来はその名の通り「神の泉」であるから、仏教寺院ではない。法成就池と後世に名付けられた元の大池は、御池通りの名の由来にもなっている。

▼**神泉苑**（東寺真言宗）京都府京都市中京区御池通神泉苑町東入ル門前町

【本尊】聖観音・不動明王・弘法大師

神泉苑　左の屋根が善女龍王社、右手の小社が恵方社

八二四年（天長元年）、淳和天皇の勅命により、弘法大師空海は神泉苑の池畔にて祈雨の法をおこない、インドの善女龍王を呼び寄せたとされている。この時、日本国中に雨が降り、民は大いに喜んだと記録にある。これ以降、神泉苑は信仰の地となり、池には善女龍王が住むという伝説が定着した。

現在は、御池通りに面した鳥居をくぐると、中島正面に善女龍王社があり、右手前には小さな恵方社、そして左手に本堂がある。しかしその成り立ちからも、聖観音、不動明王、弘法大師を祀る本堂より、やはり善女龍王社が中心であり、本来の姿であるだろう。陰陽道では、神泉苑を「龍口水」つまり「龍の水飲み場」としている。

桓武天皇は、神泉苑を最も愛し、しばしば足を運んでいる。自らも陰陽道に深く携わっただけに、とくにここの意義を重視していたと思われる。

しかし一五六九年（永禄十二年）に始まる二条城の造営は、苑を大きく破壊した。北部四分の一が城内にとりこまれ、殿舎をはじめとする遺構はことごとく破壊された。これは、家康の意図による「風水断ち」であるとされる。神泉苑を破壊し、その上に城を築くことによって、堂上公家から京の町衆はもちろん、すべての人々に対して示威行為《デモンストレーション》をおこなったものであろう。以後、家康はここに政治の拠点を置き、天下人たる階段を一気に駆け上がることになる。神泉苑の歴史は、その末路において家康の権威付けに利用されることとなった。

さらにその後、朝廷の権威が低下するのにともなって、苑は荒廃の一途を辿る。全国どこにでも見られる現象であるが、神泉苑もその例に洩れず、周囲の民家に浸食されて、幕府もそれを放置した。江戸時代を通じて徐々に浸食されて、北東部分だけを残すまでになり、ついには現在の規模になったのだが、これは往時の六パーセントでしかない。京の町衆、恐るべし！

ちなみに、わが国の代表的大型古墳である前方後円墳を航空写真で見ると、周囲の浸食の様がよくわかる。畑や民家が年間数センチずつ浸食するだけでも、百年経てば数メートルの浸食になる。鉄剣発掘で有名な某古墳が、長年「円墳」だと思われていたのに、航空写真の解析で、元は「前方後円墳」であることが判明。地主から畑などを買い取って「前方部」を復元したのは有名な話である。本来ならば返却されるべきなのだが、それを求める法律はない。地主のモラルの問題であるだろう。

神泉苑では多くの祭祀がおこなわれたが、祭神の龍王にちなんで祈雨、つまり「雨乞い」の祈禱が多く、次いで怨霊の祟りを鎮める祈禱がおこなわれた。その中でも特に歴史的イベントになったのが、八六三年（貞観五年）に大掛かりに執りおこなわれた御霊会《ごりょうえ》である。

その年、都に疫病が大流行し、まさに猖獗《しょうけつ》をきわめた。上下を問わず死者は山なすありさまで、怨霊の祟りであるとされて恐怖が都を席巻《せっけん》した。御霊会が公式の記録に登場する最初である（信仰自体はすでにあった）。

これは、政治的に失脚した皇族や豪族などを大々的に慰霊したのであるが、すでにそれ以前から個別におこなわれていたものを、当時政権の主役であった藤原一族の主導で公的におこなったものである。藤原氏は、これで霊的世界のリーダーとしても再認識されることになった（平城京の時代にはすでに認知されていた）。

なお藤原氏の始祖である鎌足は、もともと祭祀を司る一族中臣氏の出自である。しかしこの頃になると、藤原はもっぱら権力の代名詞であって、霊的尊崇から乖離していた。これに比して、陰陽家の賀茂氏に対する朝廷の信頼は厚く、時として政治の重要案件の是非を左右することさえあった。御霊会は、このことへの霊的デモンストレーションの意味合いがあったのではないかと思われる。

この御霊会は、早良《さわら》親王をはじめとする六人の怨霊を鎮めるためにおこなわれた。これを六所御霊《ろくしよごりよう》（つまり六大怨霊）と呼んで特に畏れた。

崇道《すどう》天皇（早良親王）七八五年没。桓武天皇の弟。皇太子であったが、藤原種継暗殺事件に連座して、淡路へ流される途中乙訓寺《おとくにでら》で絶食して死去。

伊予親王　八〇七年没。桓武天皇の第三皇子で、母は藤原是公の娘吉子。大同二年（八〇七年）、藤原仲成の陰謀により母とともに川原寺に幽閉され、服毒自殺。

藤原夫人（藤原吉子）　伊予親王の母。親王とともに自殺。唯一の女性怨霊。

橘　逸勢《たちばなのはやなり》　八四二年没。皇太子恒貞親王を伴健岑《とものこわみね》とともに擁立し、謀反を起こそうとした罪により捕縛。伊豆国配流となったが、途中遠江国板筑駅で病死。

文室宮田麻呂《ふんやの》　生没年不詳。筑前守の時、新羅人張宝高と交易をおこない解任された。八四三年、新羅人と反乱を企てたとして伊豆に流罪。

藤原広嗣《ふじわらのひろつぐ》　七四〇年没。大宰府に左遷されたことを怨み、弟の綱手とともに挙兵。
藤原広嗣の乱。敗戦によって、弟ともども斬死。

そこで朝廷は、神泉苑においてこれまでにない盛大な御霊会をおこなうこととした。

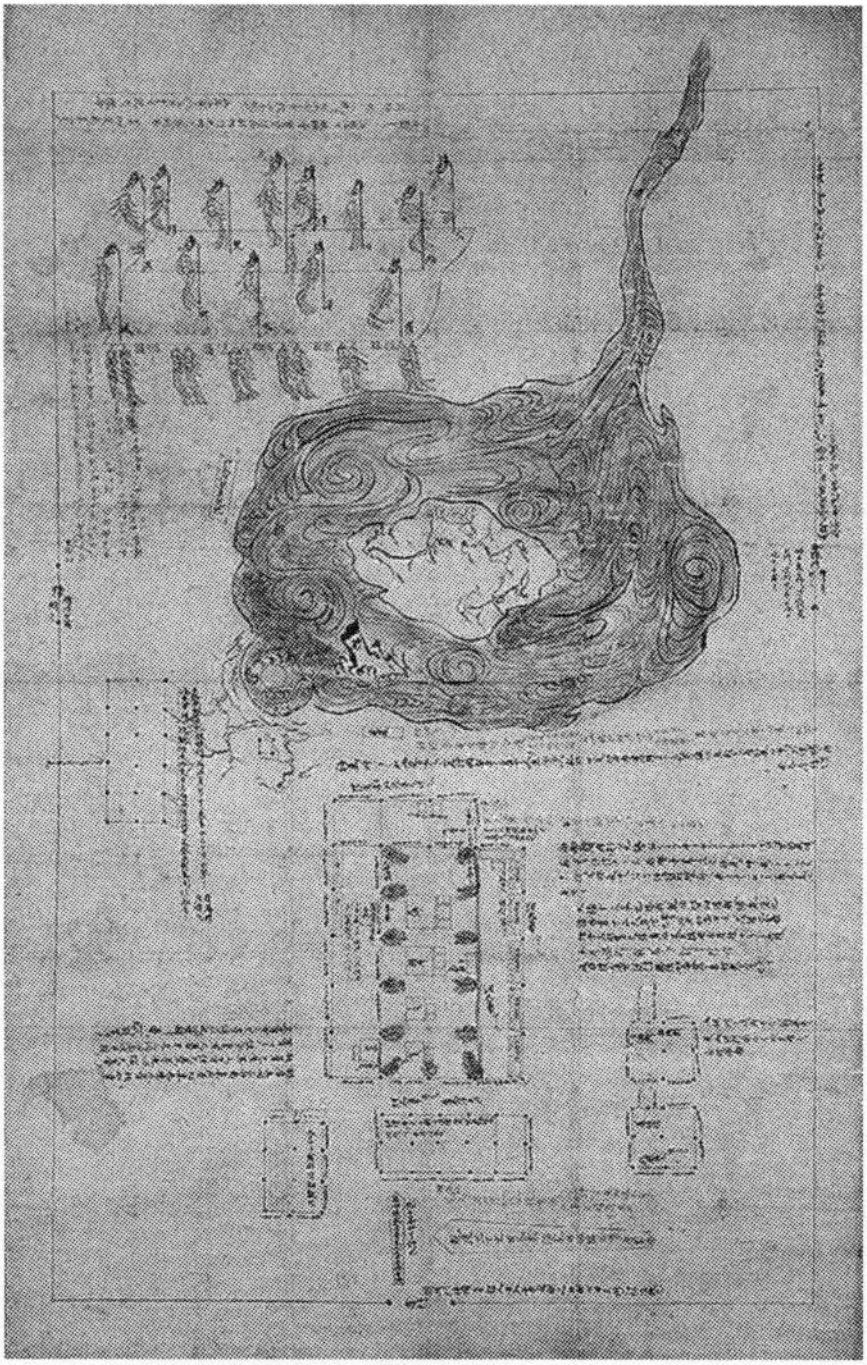
神泉苑図。御霊会の式次第が描かれている

当時の全国の国の数である六十六本の鉾を立てて、それを神泉苑の池に納めて厄払いとする。この催しが、発展して、祇園祭となった。京の最大のイベントである祇園・山鉾巡行は、神泉苑での怨霊祈禱がそもそもの出発であり由来なのである。京の町衆は年に一度、この祭りで怨霊の祟りを祓い続けている。

京都人は、牛頭《ごず》天王を信仰する渡来の人々である。祇園祭はその一つの証しであろう。祟りを怖れる習俗・気質は、百済人に特有のものであって、和人はそこまで追い詰めない。恨みを怖れるほどに酷い対処をしないのだ。祟りを怖れるのは、祟られるような仕打ちをしたからであり、祇園祭は、いかに酷い仕打ちをしてきたかの裏返しでもあるだろう。祇園祭に「鬼」そのものは登場しないが、これもまぎれもなく「鬼まつり」であるだろう。恐るべき鬼をみずから生みだし、みずからそれを慰霊しているのだ。

そもそも御霊会とは「まつり」のことであって、全国ほとんどの「まつり」は、「祟り鎮め」であった。神社の祭りは、そこに祀られる神の性格と深く関わっている。私たちの祖先は、世の不幸不運は怨みを持つ神霊の祟りであると考えていた。その神霊の怨みや怒りを鎮めることが、不幸から逃れる方途であると考えた。それが「まつり」の発祥だ。

まつりの発祥は、「天の岩戸開き」である。アマテラスが岩戸の中に隠れてしまったので、もう一度出てきてもらうためにおこなった踊りや音楽による賑わいである。アマテラスは、スサノヲの乱暴な行為に怒って岩戸に引きこもった。つまり「怒り」によるものだ。アマテラス引きこもりによる結果が「暗黒の世界の出現」である。これを「祟り」という。

岩戸開きの祭りは、その「怒り」「祟り」を鎮め、慰めるための催しである。すなわちアマテラスの慰霊であり鎮魂である。

第5章　ヒミコの鬼道　神の道と鬼の道

ヒミコ殺害

ヒミコからアマテラスへの「神上がり」については、従来より「ヒミコ殺害説」がある。松本清張氏、梅原猛氏、樋口清之氏などが採っている。

またそれらをふまえて現在最も強力に主張されているのは井沢元彦氏である。氏は最新の情報と独自の発想でまことに興味深い答えを導き出している。要約すれば、「皆既日蝕のためにヒミコは祭祀者としての権威を失墜し、民衆に殺害された」というものである。そして、「殺害されたがゆえにヒミコは《怨霊神》となった」とする。

井沢氏は、世界史の例をもって「ヒミコ殺害」を主張されているが、はたしてこの論理は成り立つのだろうか。世界史的事件の構造が、日本史の解釈にも援用できることもあるだろうが、「王殺し」およびそれに伴う政権の交代は日本人の〝情緒〟に馴染まないのではないかと私には思えるのだが。

もしその方法を用いるのならば、前提として世界史上の例に採った民族と日本人との「民族性」や「精神風土」が共通することを検証すべきだろう。事実、日本の歴史を通観しても「王殺し」の類例はほとんど見当たらない。先述したように、殺害された天皇はただ一人である（他に「疑惑」はあるが、歴史学上の認定には至っていない）。しかし世界史にはいくつもの類例が確かにある。これは民族の〝情緒〟に理由があるのではないか。

なお、ここで触れるには問題が大きすぎるので「提起」までにしておくが、「虐殺」や「暗殺」「テロリズム」等も、同様に情緒性すなわち民族性や精神風土と深く関わっていると私は考えている。こういった類の極端な行動は誰にでも可能な訳ではないだろう。集団ヒステリーや、個人的な病症由来もあるだろう。

なお、ヒミコの「王殺し」説については、その根拠としている「皆既日蝕」も、はたしてじゅうぶんかどうか、氏の説明では納得するには弱いように思われる。

「天の岩戸神話」が日蝕の話であろうとは、すでに江戸時代から荻生徂徠らによって指摘されており、それについては私にも異論はない（ただその比喩するところの「意味」には私には独自の持論がある。日本人の思想そのものを解き明かすものであって、これについては後述したい）。

また、天文学上まさにヒミコの時代に皆既日蝕があったことは、斉藤国治氏が『古天文学の道』、およびその他の論文で検証している。すなわち、
①二四七年三月二十四日　午後五〜七時／九州北部
②二四八年九月五日　午前五〜七時／大和地方
の二度、計算によって明らかであるという。

奇しくもヒミコの死は二四八年である。正直なところ私も結び付けたい誘惑に駆られる。

しかしそれが「殺害」という帰結になるというのであれば、その祭祀的責任によるというのは疑問である。当時すでに天文の知識は伝わっていたと推論できるし、となれば日蝕についての知識もあったと考えるべきではないだろうか。

というのは、すでに宇佐・小椋山の造成において風水学が用いられており、したがって陰陽五行による基本的な方位・時間・暦日の概念を、同時代のヒミコは持っていたと考えられる。なおかつ宇佐神宮本殿の西側に寄り添うように北辰神社がある。これは北辰信仰、つまり北極星を祀るものであって、道教の天文学そのものを体現している。

つまり私たちが想像するよりもはるかに高度な天文学的知識を古代人は持っていたはずである。

ヒミコの時代つまり二〜三世紀に、道教（風水・陰陽道）がどの程度のレベルに達していたか判断するのは難しいが、基本思想は「天文」と「暦」にあった。中国ではさらに「医学」や「自然科学」「哲学」「博物学」なども一体化した総合的な哲学・学術であったが、日本では陰陽道として独自の発達を遂げ、「天文」と「暦」に特化した。後に天武天皇が律令制のもとに設けた官庁である「陰陽寮」では、それぞれのトップを「天文博士」「暦博士」としたことからも確認できる。

そして、「天文」と「暦」を複合すれば日蝕・月蝕は当然認識できる。

したがって「皆既日蝕によるヒミコ殺害」は、説としてはおもしろいが、残念ながら信憑性は疑わしい。むしろ事前に皆既日蝕を予言することで権威を高めることに利用したであろうと考えるほうがまだしも説得力がある。

宇佐神宮勅使門

ただし、そこまでのレベルの体系的知識がヒミコにあったか否かはわからない。『日本書紀』の記述にしたがうならば、日蝕月蝕の予測までできるようになるのは天武天皇（あるいはその支配下の陰陽師）をもって嚆矢とするようだ。もしそれが事実とするならば、七世紀のこととなるので、天文の技術的進歩は遅々たるものである。

しかし少なくとも日蝕のなんたるかは知っていたと容易に推測できる。そういう天文現象のあることは大陸からもたらされた知識の中にもあったはずであり、また自分たちの経験としても既知の事柄に属していたはずである。なにしろ肉眼で確認できる現象であるのだから。

そもそも皆既日蝕はそれほど珍しい現象ではない。斉藤氏によれば、皆既日蝕観測の場所を地球上のある特定の場所に固定すると確かに三四〇年に一回しか見ることはできない。しかしたとえば日本列島のどこかで見ることができるということになるとおおよそ一〇〇年に一回ということになるようだ。長老の昔語りに登場するにはじゅうぶん間に合う年数である。

また、日蝕という体験を得るためには、必ずしも「皆既」である必要はないだろう。部分蝕でも肉眼で驚くに足る程度のものであるならば、一人の人間が生涯に何度も体験できる。私もすでに何度か見ているし、また、他人の体験談も何度も聞いている。これが平均的な日本人の日蝕体験というものである。そしてもちろん、天体の運行は古代も現代もほとんど変わらない。

旧石器時代ならいざ知らず、三世紀にもなって日蝕ぐらいで「王殺し」まで行くとはちょっと考えられない。ヒミコの死と日蝕のタイミングが合っているならば、繰り返すが、むしろその「権威付け」に活用されたと考えるべきではないだろうか。つまり「偉大なる女王が亡くなられたので、太陽も隠れた（日蝕になった）」というアピールである。そして、その伝承が「天の岩戸神話」という形になったとも考えられるだろう。

ヒミコは怨霊か

「ヒミコ殺害」がないとなれば、それをもとに展開される「ヒメ神＝怨霊神」という主張も整合しなくなる。

ちなみに井沢氏が提唱しておられるのは、これまでの日本の歴史学は「史料至上主義」であり「呪術的側面の無視ないし軽視」であったというもので、これには私もまったく同感である。また、井沢氏の歴史観は、日本の歴史の根幹を成す思想は「怨霊信仰（御霊《ごりよう》信仰）」であるというものであるのだが、これについては多少説明が必要であろう。

そもそも「怨霊信仰（御霊信仰）」自体は特殊なものではなく、世界中に広く存在するとともに、日本にも少なくない。慰霊のために建てられた宗教施設はいくつも挙げることができる。菅原道真の怨霊を鎮めるために建立された北野天満宮・太宰府天満宮はあまりにも有名であるが、これは「信仰」そのものに原理的に組み込まれている側面の一つである。

ただ、梅原猛氏の『隠された十字架』以来、これまで怨霊とはされていなかったものを怨霊として発掘する試みがなされるようになった。

そのような再評価の対象となっている「怨霊」と「慰霊施設」の仮説の代表例を挙げておこう。

▼聖徳太子——法隆寺

▼オオクニヌシ——出雲大社

▼オオモノヌシ——大神神社

そして井沢氏は、

▼ヒミコ——宇佐神宮

をもその一つとしている。

このうち、法隆寺と出雲大社については、建造物の構造によって「怨霊が封じ込められている」ことを梅原氏が指摘した。簡単に紹介すれば、通常は間口を奇数割りにすることで中央の出入り口を設けるが、両者は偶数割りになっているため中央が封鎖される構造になっている（つまり真ん中に柱が立っている）、しかもこの構造は日本には両者を含む数例しかなく、いずれも怨霊を封じるのが目的で建設されている、というものである。

これは実に私たちの常識の盲点をつく発想で、これまで誰もそこに着目したものはいなかった。氏が指摘した解明のための証左はもちろんこれだけではないが、これこそはきわめて重要な（歴史的な！）指摘である。なにしろ、国家的建築物に「呪術的建築手法」が用いられていたというのだから。

大神神社については『古事記』の崇神天皇のくだりに、祟り神たる証言が明記されている。崇神天皇の時代に疫病が流行り、そのために国民が死に絶えようとしていた。そこで崇神天皇は夢によって神託をはかる。すると「大物主の大神」が夢に現われて言った。「疫病の流行はわが意志によるものである。わが子孫である意富多々泥古《おおたたねこ》を連れてきてわれを祀らせれば、神の祟りはなくなり、国は安らかに治まるであろう」。これによって祀られたのが大神神社である。ただし、これをもって「怨霊神」と見るかどうかは異論がある。

宇佐神宮については井沢氏独自の主張である。

氏は出雲大社と宇佐神宮を並べて論じている。共通するポイントは二つ。「本殿の構造」と「拍手《はくしゅ》」である。いずれも祭祀すなわち「呪術的側面」であって、これまで「無視ないし軽視」されてきたものである。

しかし宇佐神宮には、出雲大社や法隆寺のような呪術的建築手法は用いられていない。ただすでに指摘したように奉斎の形式がきわめて特異であるというのは紛れもない事実である。他に類例をまったく見ない。ただ、これについてはすでに述べたように、「封じ込める」という意味はとくにない。

それではもう一つのポイントである「拍手」はどうか（注＊「柏手《かしわで》」は俗称）。

宇佐神宮と出雲大社のみが拍手を四回打つ「四拍手」＝「死拍手」であるのは「封じ込める」ためであると井沢氏は述べておられるが、「四＝死」というのはいささか強引な論理ではないだろうか。

そもそも通例は井沢氏の指摘のとおり「二拝二拍手一拝」つまり神社の拝礼は「二拍手」でおこなう。しかしこれは、明治になって官主導で統一されたもので、それまでは各社それぞれの由緒にしたがっておこなわれていた。

二拍手を採用する神社が数の上で最も多かったことは紛れもないだろうが、だからといってそれをもって「一般的」としたのは「神社行政」という不可解な権力による蛮行であろう。神社祭式に「一般的」などというものは元来存在しない。祭式とはそれぞれの祭神のためにおこなわれる「特別な」様式である。特別である由緒がそれぞれの祭神に必ずある。にもかかわらず行政指導によって統一されてしまったのである。

南方熊楠が強く反対した「神社合祀」と同じ思想から、この蛮行もおこなわれたものである。

ちなみに統一後の拝礼はまさに〈統一〉された。現行の拝礼を回数によって分類すれば以下のようになる。

八回――「八開手《やひらで》」といい、統一後は伊勢の神宮のみでおこなわれる。四回拍つことを再度繰り返し、さらに最後に一回拍つ。

四回――伊勢の半分、四回拍つ。出雲大社と宇佐神宮、その他数社でおこなわれる。

二回――大多数の神社でおこなわれる。

一回――「礼手《らいしゅ》」といい、直会などで酒盃を受ける際におこなう。つまり「人」に対しておこなう。

これは回数によるヒエラルヒーである。順番に二分の一になっていく。

戦前までは「官国幣社の制」というものがあって、すべての神社がランキング分類されていた（官幣の大・中・小、国幣の大・中・小など）。しかし戦後は廃止され、民主主義的に平等となった。ところが「拍手」の回数のみに、ヒエラルヒーが最もシンプルな形になって残った。

一八六四年（元治元年）に江戸駐在イギリス公使館員として来日し、一八八九年（明治二十二年）に帰国したウィリアム・ジョージ・アストンは、当時の日本の見聞あるいは文献資料に基づいて『神道』(一九〇五年)という、日本に関する優れた著書を残している。その中に神道の儀式で「三十二回」手を叩いた、という証言がある。実に八開手の四倍、四拍手の八倍である。それがいずれの神社であったのか、何の儀式であったのか、それ以上の記録はないのだが。

拍手の回数には日本独自の発想がみられる。

というのは、古来中国道教では奇数すなわち一・三・五・七・九を吉数としている(日本の陰陽道でも同じ)。その影響は神道の祭式にもはっきりと出ており、たとえば注連縄《しめなわ》を「七五三縄《しめ》」とも書く。また「七五三詣で」「三三九度の杯」という行事のあることはご存じのとおりである。

神道と直接関係はないが、「三羽烏」「御三家」「七福神」「三々七拍子」「三々五々」などは一般的に使われている。「三拝九拝」「三令五申」「三顧の礼」などもある。

仏教用語には神道以上に奇数重視の傾向があるが、これらも道教の影響である。仏教発祥の地であるインドにはなく、中国に入ってからのものである。たとえば「三宝」(仏・法・僧)、「三界」(欲界・色界・無色界)、「五悪」(五戒を破ること)、「五欲」、「五輪」(地・水・火・風・空)、「七堂伽藍」、——その他にもまだまだある。

そしてもちろん、本家本元の漢語にはきわめて多く、「数字合わせ」の大多数が奇数である。

ところが、神社祭式の「拍手」は基本的に偶数である。はたして道教が入る以前からあるものなのか、それともずっと後世になってから道教の影響が希薄になってからのものなのか、今となってはわからない。

ただ、それが「死」を基本に組み立てられているとは考えられない。もし「死＝四」であるならば、伊勢の神宮は「倍の死」であり、一般の神社は「半分の死」になるのか。四だけが死を意味していて、二や八は無関係という論法は成り立たないだろう。これらの数値には法則性があることは明白である（三十二回というのも連続性の中にあると思われる）。

「四」言葉の例を挙げよう。

「四方拝」という宮中行事がある。まさに「四」が含まれており、しかもきわめて重要な神道行事である。一月一日の早朝に天皇が「皇大神宮・豊受大神宮・天神地祇・天地四方・山陵を拝し、宝祚の無窮、天下泰平、万民安寧を祈る儀式」（『広辞苑』）であり、明治時代には三大節（他は紀元節・天長節）の一つであった。

「四手《しで》」は「紙垂」とも書くが、榊の枝や注連縄に下げる雷光形の紙札である。

他にも「四座置」「四宮神社」「四柱神社」などがある。

また日本には独自の「偶数」へのこだわりがある。とりわけ「八」に執着している。

「大八洲国《おおやしまのくに》」――国生み神話に登場するわが国の別称である（『古事記』）。
「八百万《やおよろず》の神々」――おおぜいの神々（『古事記』）。仏教では「五百羅漢」だが、神道では「八百万の神々」になる。
「八尺瓊勾玉《やさかにのまがたま》」――三種の神器の一つ。
「八咫鏡《やたのかがみ》」――三種の神器の一つ。
「八幡《はちまん》神社」――最も数の多い神社。

日本語には「偶数好み」がきわめて多いが、あえてここでは神道関連の言葉に限定した。その意図は汲んでいただけることと思う。

それでもまだ「八重雲」「八重垣」「八千矛」「八十神」などがある。私は「八」という数値が基準になっているのだと考えている。

確かに「四」は「死」に通じるといって、ホテルには「四」の付く部屋を作らないというような俗信もある。しかしそれならば、同次元で、九は「苦」に通じるので嫌うという俗信もある。「語呂合わせ」は言霊思想の一面ではあるが、本質ではない。

日本人が習俗として使ってきたこれらの言葉に体現される意味と、「死」という意味と、はたしてどちらが説得力を持っているだろうか。

出雲大社のオオクニヌシは怨霊神であるだろう。しかし「四拍手」は、より強い崇敬心を表現しているのであって、それ以上の呪術的意味はないと私は思っている。

以上の次第によって、ヒメ神は怨霊として祀られているという証左はないと考える。それならば、「ヒミコの死」から「アマテラスの誕生」への変換は何を意味するのか。おそらく、政権のレベルアップ、あるいはステップアップを体現していると思われるが、それがこのような「神話」表現になるのは思想を伝えるためであるだろう。そしてそれこそは「よみがえり」の思想である。神道が古来保持してきた思想であり、日本史に通底する日本ならではの思想である。

「鬼道」とは何か

古代史における日本の独自性、あるいは特異性は、何にも増して「前方後円墳」にあることは、衆目の一致するところである。「エジプトにピラミッド」の取り合わせに匹敵する一大世界史的事件と言ってよいだろう。

この鍵穴のような形をした巨大古墳は、ヒミコ没年前後の三世紀末から七世紀にかけて（五世紀がピーク）、約五千基が全国各地に造営された。しかもその中で最も大きいもの（大山陵＝いわゆる仁徳天皇陵）は、墳墓としては世界一の面積である。これは、秦の始皇帝陵よりも大きい。

具体的にはどれほどの土木事業であったのか、話題の「箸墓古墳」を例に採ってみよう。

箸墓古墳は考古学的には「最古の前方後円墳」と言われているが、規模は十一番目である。建築会社・大林組の試算では、約三十万立方メートルの土砂が使われており、造営にはのべ百七十万人の工夫が従事したことになる。一日千人で六年間、費用概算は約二百十六億円。現代建築に直せば池袋のサンシャインビルが一つ建つ金額だそうである（ＮＨＫ特集『巨大古墳の謎』より）。

つまり、百基建設するだけで二兆円以上になる。これはもはや「国家的事業」と言えるだろう。

南九州から東北まで、全国の前方後円墳を概観すると、前後三百年以上にわたるためもあるのだろうが、形や規模にかなりの変化がある。ただ、常に一貫しているのは「円」と「四角」の組み合わせである。ということは、デザインのグリッドやフォーマットに意味があるのではなく、「円と四角の組み合わせ」に意味があるということになる。

この特異な形は決して偶然ではない。それどころか、ここまでこだわっている以上、重要な意味があると考えるべきだろう。一基造るのに二百億円相当もかかり、なおかつ三百年余にわたって全国に五千基も造られているのだ。その理由が生半可なものでないことは誰が考えてもわかるだろう。

そのヒントはヒミコにあると私は考えている。

私の推理ではヒミコは前方後円墳の第一号の被葬者である。そしておそらく自らその地を選定し、自ら基本設計をおこなったと私は考えている。ヒミコにはその能力があった。つまりヒミコの思想・宗教が前方後円墳の特異な形を発明し、これが以後三百年続く国家的流行の手本になった。

『三国志』「魏志倭人伝」にヒミコの祭祀についての記述がほんのひとことだけ記されている。

「事鬼道能惑衆」

原文はこれですべてである。読み下せば次のようになる。

「鬼道《きどう》に事《つか》え、能《よ》く衆《しゅう》を惑《まど》わす」

これをもとに多くの人たちがイメージを膨らませて、ヒミコはあたかも「まじない師」や「妖術使い」ででもあるかのようになってしまっている。

しかし問題は「鬼道」という言葉が何を意味するのかであり、また「惑」の受け取り方である。とくに「鬼道」については以後の日本の歴史上もそのような言葉は存在しないにもかかわらず、私たちが現在使っている言葉の常識で推し量るため、どちらもネガティブな印象になってしまう。

しかしどう考えてもそれはおかしい。この時点でヤマタイ国は魏国の同盟国であって、わざわざ国史の中でおとしめなければならない理由はない。著者の陳寿が事実を語るに熱心であったとか、批判精神をもっていたという指摘も当たらないだろう。陳寿は自ら体験したことを記したのではなく、あくまでも既存資料の編纂者であり、そこに伝聞が多少加わるにすぎない。他の記述を見ても、冷静な歴史家としての姿勢は守られている。

「魏志倭人伝」を参照して書かれた『後漢書』にはこうある。

「事鬼神道能以妖惑衆」

読み下せば、

「鬼神道《きじんどう》に事《つか》え、以《もつ》て能《よ》く衆《しゆう》を妖惑《ようわく》す」

となる。

『三国志』では「鬼道」、『後漢書』では「鬼神道」である。

これについてこれまでの文献解釈では「シャーマニズム」あるいはそれに準ずるものがすべてである。もはや統一解釈と言ってもよいだろう。

ちなみに、『三国志』は二八〇年以降に成立し、『後漢書』は四三二年以降に成立している。そして『後漢書』のこの記述は『三国志』を引き写したものとされる。にもかかわらず表現が異なるのは何故か。

『三国志』は原本は現存せず、後世の写本のみである。『三国志』の現存する最古の底本は百衲本《ひゃくのうほん》（宋本）で、紹興年間（一一三一年－一一六二年）の刻本である。それゆえ、『後漢書』にむしろより古い表現が伝わっているとも考えられる。

「広義のシャーマニズム。シャーマンは、エクスタシス（いわゆる神がかり）を中心にして、神霊の祭祀や、神霊の力能を利用しての予言・治病・禁呪・見鬼などを行なう。」（＊「鬼神道」についての注　山尾幸久『東アジア民族史1正史東夷伝』東洋文庫　平凡社）

「鬼道に仕えるとは、直接神霊と交わる意味で、儀礼を通じ、神がかりになったシャーマンから種々の神託が伝えられる宗教的行事である。」（＊「鬼道」についての注　江畑武・井上秀雄『東アジア民族史1正史東夷伝』東洋文庫　平凡社）

しかし『三国志』では「鬼道」という言葉の用例はきわめてわずかで、道教の教団であった五斗米道《ごとべいどう》を指す場合と、辺境民族の民俗信仰を指す場合のみである。そして突然、「ヒミコの鬼道」として使われる。『後漢書』では「鬼神道」の用例は他にない。

これだけではいかにも材料が不足であるが、可能性としてはいくつかに絞って考えることができる。

まず五斗米道を指しているところから、同じく「道教」であるという可能性がある。

魏の始祖・曹操は、道教系の信徒集団との戦いを通じて、その弾圧への意志を強固にしたと言われている。そのために魏国においては道教を卑しめて「鬼道」と呼ばせたのではないだろうか。

また辺境民族の民俗信仰をそう呼んだのも、曹操の宗教嫌いに陳寿が敬意をはらってのこととも考えられる。これが理由であるならば、ヒミコの祭祀がとくに道教でなくとも、宗教でありさえすれば「鬼道」とひとくくりに呼ばれた可能性はある。

ただ、『後漢書』では他に類例のない「鬼神道」という言葉を使っている。もし造語だとすれば、国家の正史で初めて使われるというのは不自然であるから、当時すでに使われていた言葉であるだろう。とすれば「鬼神道」という単語ではなく、「鬼神」と「道」を接合した言葉と考えれば納得がいく。「鬼神」はしばしば古典に登場する言葉で、「死者の霊魂と天神の霊魂」を意味する。日本の神道用語では「天神地祇」に当たるだろう。つまり「天の神、地の神」「天津神、国津神」である。これは「古神道」のことを指しているのだと考えることもできる。

日本の「神道」という言葉自体は仏教が入ってきてから対抗的に作られたものであるのは周知のことであるが、言葉はなくとも神道という民族宗教そのものは当然すでにあった。その証明は、数々の歴史遺跡や神社の遺物・伝承に見ることができる。「かむながらのみち」も新造語で、「随神道」などと表記している文献もあるがどのみち当て字である。対比する必要がなければとくに呼び名も必要ではなかったということである。

『三国志』と『後漢書』の用例からわかるのはここまでであるが、すでにお気づきのように、ヒミコの祭祀とほぼ符合する。古代の祭祀環境や神道の歴史的経過でわかるように、原初的な神道祭祀と原始道教との複合であり、それが「ヒミコの鬼道（鬼神道）」である。そしてそれが前方後円墳を造る原理そして原動力になったと考えるべきだろう。とすればヒミコに対する「呪術師《シャーマン》」や「妖術使い」というのは不当な誹謗と言ってよい。ヒミコは、当時としては最先端の科学技術を習得していたと考えられるからだ。

ヒミコが「神道」と複合的に用いていた「道教」には、独自の宇宙観・世界観がある。

それを「天円地方」という。

天空は丸く（円）、大地は四角（方形）であるというとらえかたである。

この思想が「前方後円墳」の形の根拠であろう。

天皇が即位にあたっておこなう一世一度の儀式である大嘗祭は、本来は前方後円墳の上でおこなわれたものであるだろうと私は推測している。

まず、深夜灯りを消した中で、前王の棺が葬られた「後円部」に新王が額ずき、前王の霊力を受け継ぐ。これが「天《あま》つ日《ひ》嗣《つぎ》」である。「ひ」は「日」であるとともに「霊」である。つまり「日嗣」とは「霊《ひ》継ぎ」であって、前王の霊位を文字どおり引き継ぐことである。

さてその受け継ぎが終わって夜明けを迎えると「前方部」へと降りてくる。そして先端に立ち、ここに即位したことを宣言する。

これが新たに天皇となったものが最初におこなう儀式であったのではないだろうか。「円＝天」において神霊を受け継ぎ、「方＝地」において即位を宣言する。これが「天孫降臨」の儀式であり「天降《あまくだ》り」であろうと、私は考えている。

風水による墓所選定が、神体山や神社（古社）の原形となっているのだが、それはつまり「祖山」と「穴」をそれぞれ神となるものの墓としたということであるだろう。

しかし実は、風水的条件は、人工的に築造するという方法がある。

前方後円墳は、その目的も兼ねていたと私は考えている。

つまり風水によって最良の墓所として選定され、宇宙のミニチュアとして設計され、かつ一世一度の大嘗祭の舞台とし、かつ次の宮都の守護となる、——それが前方後円墳なのであろう。すなわち、前方後円墳とは、「鬼道の集大成」なのである。

前方後円墳には、重要な特徴がまだある。一つは、前方後円墳から被葬者が「北

復元整備された前方後円墳／五色塚古墳（四世紀末築造／兵庫県神戸市垂水区）

枕」になることである。それ以前にはわが国には北枕の風習はほぼないと言ってよい。しかし道教においては古来定着している風習である（なお、北枕と仏教は無関係である）。

とはいえ、もしヒミコが、前述のような理由で殺害されていたとすれば、怨霊とされる条件は十分すぎるほどであるだろう。そしてさらに、般若ならぬ「鬼」と化しても当然かもしれない。そのシャーマニズム的手法を鬼道や鬼神道と呼称されたのは、その死の状況を知悉したゆえのことかもしれない。そう考えると、こちらの説も大いに説得力があるだろう。

日本神話で最初の鬼は、スサノヲであろう。巨体で怪力、髭を生やし乱暴者となれば、私たちのイメージする鬼の条件に合致している。ツノがないのや、虎皮の装束でないのは、ご愛敬というものだ（その属性は後世につくられたものだから）。
つまり、アマテラスは鬼の姉である。鬼退治の嚆矢となった桃太郎を、アマテラスの直系子孫と位置づけるなら、「姉弟対決」は、長き時を超えてもなお、日本人の心情の奥深くに潜在しているのかもしれない。

（＊本章は拙著『アマテラスの二つの墓』より抜粋し、改稿したものです。ヒミコについての詳細はそちらをご参照ください。）

第6章　鬼門という信仰　都人の祟り好き

「鬼門風水」は京都生まれ

京都で成立した御霊信仰は、新たな「禁忌」を創り出した。怨霊がやってくる「方角」を決めたのだ。怨霊あるいは鬼たちは、都の東北方面からやってくると考えた（大江山は丹後であるから西北なのだが、都に侵入する時は東北方面からとされた。また、都の東北方面に拠点を設けていたともされた）。これを「鬼門《きもん》」と称した。

日本の風水＝陰陽道のいくつかの独自性の中で、それを最も特徴付けているのは「鬼門」である。

その実体がいかなるものかは知らなくとも、「鬼門」という言葉と、それが東北（丑《うし》寅《とら》）の方向を示すということは日本人の常識になっているだろう。

ちなみに、日本以外の風水にはこのような禁忌《タブー》は存在せず、ただ鬼の出入りする方角として位置付けられているにすぎない（漢土では鬼は死者の霊のこと）。**鬼門**の他に、西北（戌亥《いぬい》）を**天門**《てんもん》、西南（未申）を**人門**《じんもん》、東南（辰巳）を**風門**《ふうもん》とするが、鬼門以外は日本ではまったく着目されなかった。

しかし鬼門は、日本人にとっては特異な意味付けをされて、今日まで千年以上にわたって特別視されてきた。そのために、多くの俗信や迷信も生まれ、それらによって厚く被い隠されて、いまやかえって実相が見えにくくなっている。

すでに周知かもしれないが、たとえば、こんなことが禁忌とされている。

「鬼門にトイレを造ると主人が死病に取り憑かれる」
「鬼門に玄関や風呂場のある家は不幸に見舞われる」
「鬼門の方角の相手と縁組みをすると死ぬ」
「鬼門の樹木（大樹）を伐ると死ぬ」

他にもまだまだあるが、これらの考え方の根元には、鬼門を最大の凶方位と固定して、祟《たた》りなすものとして畏怖し、だからこそ敬して遠ざける、つまり「さわらぬ神に祟りなし」と対処することにある。

そのために「鬼門除《よ》け」と称する手法も数多く発生した。たとえば寺院。日本仏教の特異性にもなっているのだが、鬼を地獄の使いとして利用したにもかかわらず、寺院の屋根に鬼瓦を置いて鬼門除けとした。後にこの手法は一般の家屋にも広く普及することになる。

ちなみに寺院では他にも鬼門堂を設けたり、五重塔や三重塔を鬼門の押さえに建てることもしばしばおこなわれた（平安以後の塔はほとんどその意味で造られている）。仏徒たちの鬼門への恐怖がいかに大きなものであったか、堂塔の規模が端的に語っている。

もちろん陰陽道でも「鬼門除け」は最大級に重要な案件であった。最も典型的な例は、京都御所の「猿が辻」である。

京都へ行ったなら、ぜひ御所の外側を歩いてみるとよい。御所の東側の長い塀を北の端まで辿ると、突然切れてしまう。東北の角に当たる個所が、角の部分一間ほどを内側に凹ませて「欠け」としている。つまり、鬼門にさわっていない、鬼門を避けている、という設計なのである。

東大寺鬼瓦（復元）

「欠け」させれば「鬼門は存在しなくなる」との発想なのだが、このような「欠け」の手法自体を姑息な誤魔化しと批判する者も少なくない。

しかしながら、その流儀で数百年もの歳月を経れば、そこにはもはや無視できない蓄積が備わって、風習として定着する。個人の邸宅や寺院などでも東北隅に「欠け」を造作している例は少なくない。猿が辻の「欠け」を目にして、いかに多くの都人たちが「鬼門除け」を学んだか、容易に想像できるというものだ。

なお、京都御所が現在の場所になったのは一三三七年の光明天皇（北朝）の時からで、以来明治維新で遷都されるまで五百三十年間天皇の住まい、つまり皇居であった。しかし実は、ここは本来の平安京の内裏ではない。ここから真西へ約千五百メートル程行ったところに小さな公園があって、そこに「大極殿跡」という石碑が建っている。それ以外に何の痕跡もない場所だが、そこが本来の大内裏があった場所である。平安遷都（七九四年）から、現在の御所に移るまでの五百四十三年間、正式な内裏はこちらにあった。

長安の都に倣《なら》ったという平安京の街図は、歴史の教科書をはじめ多くの書物等にも掲載されているので一般にも馴染みがあると思うが、そこに示されている北端部中央の内裏は、この大極殿跡のことである。繰り返すが現在の御所とはまったく異なる位置である。

大極殿跡から真っ直ぐ南へ朱雀大路が走り、南端の羅城門の東西に東寺と西寺があった（東寺のみ現存）。

そして現在の御所は、もともとの平安京街図では東北の角にあたる。ここは元、土《つち》御門東洞院殿《みかどひがしのとういんどの》で、南北朝時代、北朝の里内裏《さとだいり》であった。一般には馴染みのない言葉かと思うが、里内裏とは、内裏の別邸、仮内裏とでもいうべきもので、臣下の邸《やしき》に設けられたものである。

すでに九七六年に、内裏が焼失したために円融天皇が太政大臣藤原兼通の堀河第に移り、約一年間ここを皇居としていた。

以後もしばしば内裏は火災で焼亡し、そのたびに仮の皇居が設けられ、やがて並存するのが当然のようになる。そしてこの頃には大内裏と里内裏と呼び分けられ、ついには即位や大嘗会などの大儀（特に重要な祭儀）の時に行幸する以外はすべての公務を里内裏でおこなうようになった。里内裏の居心地が良かったのか、それとも大内裏

平安宮朝堂院大極殿跡の石碑

に馴染みにくい理由があったのか、おそらくは両方の理由によるのだろう。

その理由の一つは、建築様式にあったのではないかと私は推測している。

平安宮大内裏の建築様式は唐に倣ったものであって、その八分の五のサイズで再現された平安神宮に往時の姿を見ることができる。「丹楹粉壁《たんえいふんぺき》」の形容に違わず、色鮮やかな建築で、構造も大陸の風土気候に適合したものだ。しかしそれが京都という土地に相応しいものであったのかといえば、どうだろう。平安神宮に「住む」ことを、どうぞ想像してみていただきたい。

この建築様式に対して、里内裏は和式の寝殿造りであって、こちらは言うまでもなく日本の風土に適している。となれば当然ながら、はるかに住み易かったと思われる。

その後たび重なる火災にも遭い、江戸末期の安政二年には現状のような入母屋造り、檜皮葺の寝殿造りとして建設され、いよいよ日本化は極まることとなった。ここにはすでに大陸風の建築様式のなごりは希薄である。左右対称の構造も廃されて、きわめて日本的な非対称となっている。これは、文字通り、唐風から和風への回帰である。

そしてもちろん、わが国独特の鬼門除けである「欠け」が設けられている塀も、純然たる和式の築地塀《ついじべい》である。

なお、平安京の「鬼門除け」は猿が辻にとどまらず、徹底しておこなわれている。猿が辻のその先には下賀茂神社があって、平安京建設に先立って祈願祭をおこなって以来、鬼門守護としてきわめて重要な存在となった。
またその先には比叡山延暦寺が建設され、ここに京の鬼門対策は完成した。

雷神は平安京の鬼門守護神

『山城国風土記』によれば、賀茂《かも》建角身命《たけつぬみのみこと》の娘である玉依比売命《たまよりひめのみこと》が、毎日賀茂川に出て身滌《みそぎ》をしていると、あるとき丹塗り矢が上流より流れてきた。これを拾い、床の間に飾り置くと美しい男神が現れ、二人の間に御子神が生まれた。これが賀茂別雷神《かもわけいかづちのかみ》である。

長ずるに及び七日七夜の宴を張った際に、宴席で、建角身命が別雷神に、父神と思う人に盃を奉るように言うと、別雷神は「我は天神の御子なり」と言い、天に向かって酒盃を投げ、屋根を突き破って昇天した。

その後のある夜、賀茂建角身命と玉依比売命に、別雷神の神託があった。
「私に会いたくば天羽衣と天羽裳《あまのはも》を造り、火を炬き、鉾をささげ、また走馬をおこない、奥山の賢木《さかき》を採って阿礼に立て、種々の綵色《いろあや》を垂らして又葵《あおいかつら》 楓の蘰《かずら》を造り、いかめしく飾れ」と。

その場所が、現在の上賀茂神社本殿から北西にある神山《こうやま》山麓である。その山頂の磐《いわ》座《くら》に別雷神は降臨し、鎮座したと伝えられる。後に天武天皇が六七八年（天武天皇七年)、正式に山城国に命じて造営したのが、現在の上賀茂神社である。

またこの神託を催事として形にしたものが、大祭「葵祭《あおいまつり》」であり、この上賀茂・下鴨両神社を一体とする祭りである。

▼**賀茂別雷《かもわけいかづち》神社**(上賀茂《かみかも》神社) 京都市北区上賀茂本山
【祭神】 賀茂別雷神《かもわけいかづちのかみ》

賀茂社は二社で一体であるが、内裏のほぼ真北、賀茂川の上流に鎮座するのが賀茂《かも》別雷《わけいかづち》神社(通称・上賀茂《かみがも》神社)である。境内に入るとすぐ目を奪うのは、細殿(拝殿)の前にある砂の山だ。これを「立砂《たてずな》」と呼んでいる。立砂は、賀茂別雷神《かもわけいかづちのかみ》が降臨した神山《こうやま》をかたどったもので、祭神が降りる依り代だとされている。

神山とは、上賀茂神社の神体山で、本殿の北々西にそびえる円錐形の神奈備《かんなび》である。標高三〇一メートルで、山頂には祭神・加茂別雷神が降臨したという磐座《いわくら》「降臨石」がある。

なお、鬼門などに砂をまいたり、清めの砂と言ったりするのはこれが始まりで、地鎮祭の「盛り砂」も、これが起源とされる。

立砂の造形は類例も珍しく、きわめて特徴的なものだが、神山の模倣ではないだろう。

もし別雷神の依り代であるというならば、本祭神であるので場所がふさわしくない。入り口に近い細殿、いわゆる拝殿の前では、まるで門番のようになってしまう。また、二つ並んでいるのも不可解である。陰陽道では陰陽一対は男女を示す。また立砂は上賀茂にのみあって下鴨にはないことから、下鴨の神の依りましと考えるのが妥当だろう。上賀茂に不在の二神すなわち祖父・賀茂《かも》建角身命《たけつぬみのみこと》と母・玉依比売命《たまよりひめのみこと》とが門前に鎮座する姿であろう。しかも、「砂山」という刹那の形を採って、常住ではないことを示唆している。

上賀茂神社の祭礼で葵祭と並んで有名なのは、夏越祓《なごしのはらい》である。いわゆる大祓《おおはらい》で、今は茅《ち》の輪くぐりともども全国に広まり、多くの神社の六月晦日の重要行事となっている。陰陽道が重視した鬼門の「祓い」の機能は、この祭祀に象徴されている。

▼賀茂御祖《かもみおや》神社（下鴨《しもがも》神社）　京都市左京区下鴨泉川町

【祭神】　賀茂《かも》建角身命《たけつぬみのみこと》と玉依比売命《たまよりひめのみこと》

比叡山から流れ出る高野《たかの》川《がわ》と、鞍馬・貴船からの賀茂川が合流し、鴨川と名前を変える地点に鎮座。そのため通称は、上賀茂社に対して下鴨社というように、表記が異なる。強力な龍穴の地であり、清涼な明堂を成す。

境内は十二万平方メートルにおよぶ神域「糺《ただす》の森」として親しまれているが、元は四百九十五万平方メートルあった。もし私が平安京の選定をおこなうとすれば、ここに内裏を設定したことだろう。それほどにすばらしい地勢になっている。なお「糺《ただす》」の語源は、神が顕れることを意味するとともに、祭神・賀茂建角身命が「正邪を糺した所」という意味である。

七五〇年(天平勝宝二年)、御戸代田一町を寄せられたのが公式記録の上での初見であるが、平安遷都によって王城鎮守の神として崇敬されることとなり、多くの所領をもつに至っている。八〇六年(大同元年)、賀茂祭すなわち葵祭が勅祭となった。

平安京の風水対策、とりわけ鬼門対策に深く関わっていたのは陰陽寮の陰陽師であったが、なかでも安倍晴明がおこなった呪術は、内裏の中枢から都を取り巻く神社仏閣・山紫水明に至るまでくまなく実施されている。しかもその多くは現在の京都にそのまま引き継がれている(ところどころほころびかけているが)。

その晴明当人を祭神として祀る晴明神社が、京都堀川に鎮座している。

▼晴明神社　京都府京都市上京区晴明町堀川通一条上ル

いまやここは、陰陽師ブーム、晴明ブームの一大拠点になっている。晴明伝説につきものの小鬼の式神を待機させたという「一条戻り橋」も鳥居前にあり、晴明の邸宅跡に建立されたのだという社伝や、境内井戸水を晴明水と称しての御利益等々は、人々を惹き付ける理由になっているようだ。

しかし実は、近年の調査で、晴明の邸宅はここより東南に数百メートルの地（京都ブライトンホテル辺り）であることが明らかになった。そもそも安倍家が後に土御《つちみ》門《かど》氏と名乗るようになるのは、その邸宅が土御門通りに面していたからで、現在の社地では土御門と無縁である（さしずめ堀川とでも名乗るかも）。

晴明神社

しかも、この社地のすべては平安京の北の端から一歩外にある。つまり条里からはみ出しているのだ。晴明のような高い身分の官人公卿が、邸宅を京の町の外に構えていたということはありえない。

それでは何故この地に晴明神社が建立されたのか。一部の先鋭的な人たちは、本来の邸宅跡が判明したのを契機に、この地には「文学的意味」しかないかのように主張しているのだが、私は別の意見を持っている。江戸時代に誰かが神社の由縁を「邸宅跡」としてしまったために、本来の由縁を知るための手掛かりが失われてしまったのではないかとも思われるが、創建の経緯や時代を考えても、そもそも晴明に無縁ということはないだろう。なにしろ、一〇〇五年に八十五歳で没すると、その偉業を讃えて、時の帝・一条天皇より「稲荷神の御分霊なり」との勅旨を得て建立されたものである。

たしかに境内に散在する晴明遺跡は、その由来の根拠があやふやなものも少なくない。しかしここは、本来の大内裏の目と鼻の先であり、しかも本当の邸宅跡からもほど近い。今でこそ私たちは知らないが、創建された当時は、まだ晴明の他界から間もないので、関係者も多く周囲にいたはず。となれば、むやみに虚偽の由来を主張する訳にもいかないだろう。邸宅跡であろうがなかろうが、晴明の霊にこの地に鎮まってもらわなければならない理由があったのではないか、というのが私の解釈である。

私はこの地を、晴明が何かの目的をもって陰陽道関連の重要施設を設置していた場所であると考えている。おそらく、ここに「鬼門の守護」として、晴明ならではのモニュメントが建てられていたのではないかと推測している。

「鬼門封じ」は、晴明の最も得意とする呪術の一つであった。なにしろ日本人の「鬼門信仰」の原型をつくったのは晴明である。

さらにまた、この地で泰山府《たいざんふ》君祭《くんさい》を、晴明はおこなったのではないか、とも考えている。晴明が最も活躍した証しともなっている天皇の秘祭である。泰山府君祭は陰陽道で最も重要な国家祭祀であるが、郊祠《こうし》であり、晴明の創始になるとされている。郊祠とは古代中国で、天子が郊外でおこなった祭祀で、天地を祀るものである。冬至には都の南郊で天を祀り、夏至には北郊で地を祀ったものである。

わが国では郊祠は、桓武天皇によって初めておこなわれたとされるが、『続日本紀』によれば冬至に修したと記録がある。「郊外で祀る」の字義通り、都の郊外に円丘を造営して泰山府君を祀るものである。そして、現在の晴明神社の地は「最も近い郊外」であるところからも条件に合致している。

以来、この地は晴明と特別な関係のある地になった、というのが私の推測である。社地の発掘はできないので、当面証明は困難であるが、いずれ調査技術の進歩によって明らかになるかもしれない。

江戸・東京の鬼門

「鬼門」を怖れる日本の風水は、江戸の建設にもさらに徹底して仕込まれている。

先に紹介したように、神田明神、浅草神社が表鬼門の守護として設定されたが、しかしさらにその先にも、実は〝仕込み〟があった。

江戸第一の鬼門守護は、神田明神である（江戸時代以前に太田道灌が創建した柳森神社も鬼門守護のためであったが、由縁が希薄で、江戸っ子にはあまりうけなかった）。それまで大手門前にあった将門明神社、通称・片目《かため》明神を現在地に遷移し、守護神として篤く祀った。元の跡地は首塚として残った。

なお、明治政府は祭神を平将門から大己貴命《おおなむちのみこと》へ替えてしまうが（徳川の風水断ちとして）、第二次大戦後ようやく本殿に合祀という形で戻された。現在は少彦名命《すくなひこなのみこと》も合祀されて三神相殿となっているが、本来は将門のみを祀る社である。江戸徳川の鬼門守護は、鬼神・将門こそ第一であったのだ。

表鬼門は、さらにその先に三社祭で有名な浅草神社がある（浅草寺ではない）。元々は三社と称していた社を、徳川幕府が三社権現とし、鬼門守護としたものである。明治の神仏分離により三社明神と社名変更し、後にさらに浅草神社と社名を変えた。この神は鬼神ではないので、おそらくは江戸住民の懐柔が目的だろうと思われる。

裏鬼門の守りは、山王日枝神社である。

江戸期を通じて、神田明神と山王日枝神社の二社はまったく特別の扱いであった。神田祭と日枝祭は、「天下祭り」と呼ばれた。その理由は〝天下一〟の豪華さを誇ったとも言われるが、なによりも将軍の上覧がある唯二つきりの祭りであったからである。つまり「天下様がご覧になる祭り」という意味である。

その後特別扱いはさらに進み、元禄年間からは二社の御輿のみは江戸城内に入ることが許されるようにもなる。すなわち〝木戸天下御免〟という訳である。これこそは、鬼門守護の報償であるだろう。

なお江戸の祭りというのは「町人のもの」であって、「武家のもの」ではない。普段は武士が道の中央を歩き、町人は端を歩く。しかし祭礼の間だけは道の中央を町人が堂々と歩くことが許された。そしてその最たるものは御輿《みこし》である。御輿とともに町人が練り歩く時には、武士も道を空けるという決まりであった。政策的には一種の〝ガス抜き〟であったので、普段抑圧されている側と抑圧している側を、年に一度だけ立場を入れ替えて、懐柔策としたものであるだろう。

そして鬼門守護の打ち止めは、水戸徳川の設置である。徳川は御三家の一つを水戸に置いた。これが「鬼門守護」の最終施策である。

また家康は「将軍継嗣についてのみ水戸を除外する」としていた。それは「鬼門守護」の意味を熟知していたからである。「守護」の押さえは、不動であることによって機能する。動けば、風水の破壊となる。

ところが〝最後の将軍〟となったのは、ご存じの通り水戸徳川の慶喜であった。彼は烈公斉昭《なりあき》を父として水戸徳川家に生まれたが、その後ついに〝最後の将軍〟となる。歴代将軍の中でも際立って有能であり、初代家康にも擬せられたほどの人物であったにもかかわらず〝最後〟となったことで、「鬼門の将軍は、幕府の滅亡を招いた」「家康はこれを怖れていた」とも言われる。

水戸が鬼門にあることは周知であったから、一橋家の養子となることによって家康の遺言を回避したのだと思われる。しかし結果的に、家康の怖れていた事態を避けることはできなかった。

というのも、御三卿はいずれも江戸城内に邸があったのだが、一橋家は本丸の鬼門に当たる位置であった。つまり水戸と一橋は同類なのだ。同じ御三卿でも、田安家か清水家ならば西北になるので、将軍継嗣の方違えとしてはふさわしいものであったかもしれないが、結果的に鬼門の一橋家となったのも運命というべきものかもしれない。そして、水戸徳川は、鬼門守護を放棄して、幕府の幕引き役になってしまった。

ところで、江戸城鬼門の守護といえば、決まって上野の東叡山・寛永寺が挙げられるが、実は寛永寺は鬼門ではない。これは目眩《めくら》ましである。設置したのは天海僧正の企図によるものと言われ、京の鬼門守護である比叡山にならって東叡山と名付けるなどは、いかにも天台密教僧のやりそうなことだ。「東の比叡山」と称すれば、誰もが寛永寺を鬼門守護と思い込むだろう。この設置には、実は老獪《ろうかい》な戦略が伏在している。

家康が信長・秀吉の〝風水断ち〟を徹底的におこなったことは知る人ぞ知る歴史的事実であるが、当然自らにも降りかかる可能性を考えておかなければならない。いかに緻密な風水を施しても、それを破壊されれば一巻の終わりである。〝風水断ち〟という呪術手法によって天下を取ったがゆえに、家康はそれをこそ最も怖れた。

そして仕組んだのが〝ダミー〟の建設である。しかもこれこそが鬼門の守りであると大いに誇示した。わざと拙い江戸市街地図を頒布し、鬼門軸から約三〇度外れている寛永寺と増上寺があたかも鬼門軸であるかのように巧妙なデマゴギーを流布し浸透させたのであった。

この事実は、四代以降の将軍も、もしかすると知らなかったのかもしれない。家康と天海の企みは、徹底して秘することによって守り抜かれたのではないだろうか。もし仮に、家康の死後、何者かが風水断ちとして寛永寺と増上寺を破壊しても、真実の江戸風水は無傷である。これが家康と天海の真の狙いであったのかもしれない。天下祭りで、浅草神社と日枝神社が最も重要な鎮守であると広く知られるようになる頃には、もはや徳川にめぼしい敵は存在しなかったのだろう。ひとたび得た油断は、幕末まで続くこととなる。

ちなみに江戸時代の人々は、精度の高い地図を入手できなかった。精度の高い地図は、技術的には作ろうとすれば作れたにもかかわらず、作らなかったし作らせなかった。伊能忠敬の精緻な日本地図が出現するのは江戸末期であるが、それまでは測量さえも許されることはなかった。なお忠敬は、もともと暦学・天文学の研究が専門であった。つまり「陰陽道の研究家」であったということだ。

現代の人々も、みごとに家康と天海の企みにはまってしまって、あらためて地図でチェックしようと考えない。それが今に至るまで存続している〝江戸鬼門伝説〟の存在理由でもある。

なお、東海村原子力発電所が、東京の鬼門にあることは多くの人が知っている。ここに日本の原発第一号が建設されたのはいったい誰の意志であったのか、またいかなる理由であったのか。そう遠くない将来に、ここにこうした布陣をおこなったがゆえの〝結果〟は出るだろう。しかしそれは、私たちにとって決して望ましい答えではないかもしれない。

「鬼門」は、もはや私たち日本人に刷り込まれていると言ってもよい。なにしろ千年以上も鬼門と付き合ってきているのだから。庶民の日常生活の場から、為政者の城郭、御所にいたるまで、鬼門をキーワードとした風水が隅々まで行きわたり、おこなわれてきたのだ。

ということは、その善し悪しも肯定否定もさておいて、日本の歴史を繙く重要なキーワードの一つが「鬼門」であるのも否定することはできないだろう。断言しよう。「鬼門」を無視しては、日本の歴史や文化を完全に理解することはできない。

たとえばお伽噺や昔話はとかく不条理なストーリー展開で、明確な論理的帰着や整合性を求めるべきではない、という考え方がある。確かに多くのお伽噺や昔話は時間の経過とともに変形し、多くは原型が見えなくなっていたりもする。しかし、そうそう不条理なばかりでもなく、本質をかいま見せるものも少なくない。私たちは物語の本質を見極められなくなっていて、それがさらなる変型《デフオルメ》をもたらしてもいるのだ。

寓話と形容されるものには現実世界の比喩や暗喩、あるいはもっとはっきりと教訓が読み取れたりすることもある。また、寓話を基本とする論法で、年月の経過が、ストーリーに加除の変化をもたらして、はからずも不可思議な展開になってしまった、という物語もある。仏教説話のたぐいは「布教」という目的があるのだから、ストーリーはそこへ向けて収斂《しゆうれん》されて当然で、そのためには多くの場合、論理さえも棄ててしまう。

仏教説話の成立はさほど古くないが、日本人の誰もが知っている五大お伽噺となるとその起源も定かでないほどで、流布の範囲もほぼ全国に及んでいる。

その中の代表ともいえる『桃太郎』は、鬼退治の英雄伝説であり、日本男児の武勇の象徴として語り継がれてきた。第3章でも紹介したように、岡山が発祥地との説もあるが、一定の構造を備えた物語として全国的に伝えられている。すなわち共通する類型・構造とは、「桃太郎が猿・雉・犬を使って鬼を退治する」というものだ。この構造だけはどの地域の伝承においてもほぼ絶対のものであって変動はない。

しかし子ども心に思うのは、あの恐ろしい鬼たちを、決して強い獣の範疇には入らない猿と雉と犬とで退治できるのだろうか、という素朴な疑問だろう。桃太郎はもっと他に強力な助っ人が手配できなかったのか。

しかしその布陣で見事に勝ってしまうことの不思議さは、そのまますべての子どもの心に刻印される。「鬼に勝つのは猿・雉・犬である」と。虎でも熊でもなく、彼らなのだと。これが、桃太郎の原理である。

十二支の方位図を見ればわかることだが、「鬼門」は東北（丑寅《うしとら》）の方角で、その正反対の南西は「正」の方向に申《さる》、酉《とり》、戌《いぬ》となる。すなわち、鬼に立ち向かうための「正義」は、猿と雉と犬が体現するのである。他の何者であっても、彼らに勝る正義はない。ちなみにわが国では鳥と言えば雉のことであった（雉は現在も日本国の国鳥）。

つまり、お伽噺の「桃太郎」とは「鬼門封じ」のことである。家相で鬼門除けに「桃の木」を植えるのも、ここから来ている。そもそも桃太郎がなぜ「桃」なのかといえば、これは日本神話の原点であるイザナギ・イザナミ神話に由来している。桃は古来「聖なる果実」「魔を祓う力のある果実」なのである。

また、鬼の姿は「二本のツノに虎皮の褌」が定番だが、これはもちろん鬼門が「丑《うし》寅《とら》」の方位であることにちなんでいる。

鬼門をひたすら恐れる一方で、江戸時代後半には、これを神として信仰する者が現れる。「金神《こんじん》信仰」である。「畏敬」という日本人好みの伝統的な特質が、鬼門を恐れるだけでは放っておかなかった。「畏れ」ながら「敬う」、つまり、「祟り神を懇切に祀る」ことで、守護神と化することこそは、まさにそれに適っていたのだ。

たとえば天神信仰。菅原道真公の霊位は恨みによって都に祟りをなした。しかもその祟りなす神威はすさまじく、高位の公卿が次々と変死する。しかし、あらためて敬意をもって祀ることによって、その強力な神威は、強力な守護の力となったのだ。

このタイプの信仰を「御霊《ごりょう》信仰」と呼ぶのだとすでに紹介したが、わが国ではかなり古くから定着しているスタイルで、全国的にも神社の多数を占めている。すなわち恨み深き「怨霊《おんりょう》神」を、味方としてしまうスタイルである。

ところで「鬼門」は、道教＝風水をその発生期まで遡っても「禁忌」や「凶方位」であるという根拠は見出せない。

中国には歴史的に東北方位を恐れる理由があったという説もあるが、これは錯誤であろう。匈奴は北方の民であり、万里の長城も北方の脅威に対して築かれている。対東北方位のものではない。それ以外でも、とくに東北方面を恐れる理由は見当たらない。

道教の基本的な宇宙観である「天円地方《てんえんちほう》」で初めて鬼門が登場するが、それは脅威を示すものではなく死者の霊が出入りする方位である。さしずめわが国の黄泉津比良《よもつひら》坂《さか》（黄泉の国への出入り口）のようなものだろう。

方形の大地には四隅に門があり、東北は鬼門、東南は風門、西南は人門、西北は天門とされた。それぞれの通過する門がその方位にあるということである。しかも、その「鬼」は、私たちの知っている鬼ではない。なにしろ、愛すべき私たちの鬼は虎皮の褌に二本の角があるのであって、このようなスタイルの鬼は日本生まれである。つまり、鬼門信仰が形を成すより以前には、鬼にはツノはなく、虎の皮の褌もまとってはいなかったのかもしれない。

鬼門の方位は丑虎であるが、これを八卦《はっけ》に充当して一体で「艮《うしとら》」と称する。艮は「ごん」とも読む。これを五行の「金《ごん》」に重ね合わせて「金神《こんじん》」が生まれた。「金神《こんじん》」を最強の祟り神としたのは安倍晴明とされる。正確には、晴明の編纂になる『簠簋《ほき》内伝金烏《きんう》玉兎《ぎょくと》集』に文殊の言葉として記されているのが最初である。

そして金神は、道教にもなく、神道にもない。

しかし民間に流布してからは俗習としてあまねく広まり、江戸期には暦の迷信の代表格のようになった。

金神は遊行するとされる。つまり一定の方角に留まらず移動するということ。また金神七殺というほどに強力に祟るとされる。つまり、さわる者はその祟りが近親七人に及ぶというのである。

しかしこの金神をむしろ信仰の対象とした教派神道が生まれる。救済の最高神として主祭神にしたのは金光教《こんこうきょう》であり、「鬼門（うしとら）の金神」が世の中の立て替えをおこなうとしたのは大本教《おおもときょう》である。

その金神も現在では一般習俗からはほとんど消え失せて、鬼門だけが残った。金光教や大本教はもちろん今も健在であるが、かつてのような一般の社会現象という範疇からは離れてしまっている。

長い年月の間に、中国風水も日本陰陽道も数え切れないほど大量の迷信を生産し振り撒いてきた。結果として誤解を招き、不信をもたらし、ゆえに中国でも日本でも危うく消滅寸前まで行ったことは否めない。しかしそれゆえに全否定し去ってしまってよいものではないだろう。人類は、歴史の中で数限りない思想や哲学を生み出してきた。その世界観・宇宙観はまことにバラエティに富んでいて、皮肉を込めて言わせてもらえば「選《よ》り取り見取り」である。

しかしそのうちのどれ一つとして、すべての人類の心をとらえることはできなかった。これぞ決定版と言える世界観、しかも誰もが認める世界観が未だに人類の手にはもたらされていないことは、普通に知性ある人間であれば承知しているだろう。これが、人類の未熟さの証しなのか、それともその程度の生物にすぎないゆえなのか、私たちにはまだ答えは出せていない。

ただ、その中にあっても、多くの〝真理〟が見出されていることも事実である。陰陽五行による天地の解釈は「偶然の一致」を遥かに上回るものであることは誰にも否定できないだろう。ここまで整合する論理体系は、それだけで真理に限りなく近いと理解してもよいのではないかと私は考えている。

西洋の黄金比やフィボナッチの数列に対して、東洋の陰陽五行も、世界・宇宙を解き明かす有力な「原理」の一つであろうと思う。

だからこそ、全否定するのではなく、しかしまた全肯定するのでもなく、混在する体系に線引きをおこない、迷信と真実とを峻別すべきであるだろう。これは「人類の知恵」であり、さしずめ「神々の叡慮」でもあるのだろう。

鬼門は、私たち日本人が創造した観念・概念である。これを私たちはどう扱うのが正しいのか。たとえば俗信は、俗信であるがゆえに侮《あなど》れないものである。信じて行動する人が多いということは、その人たちを理解するためには、信じている行動原理を知らなければならないからである。

比叡山延暦寺は、なぜあの場所にあるのか。

神田明神は、なぜあの場所にあるのか。

これらは鬼門風水を信じた人間が創造した歴史的事実である。もし誰も鬼門を信じていなければ、延暦寺も神田明神もなかったかもしれない。人が造り出し、人が信じ、人が怖れる。その〝人〟がいる限り、〝人〟への対応策を考慮しなければならない。

たとえば婚姻に大安吉日を選ぶのは関係者のためでもある。また、葬儀に友引を避けるのも同様であろう。いずれは消滅する迷信であるにしても、生身の人間対策は、生活してゆく者にとって最も重要な〝処世術〟や〝世間智〟でもある。鬼門は、こういった類の迷信のチャンピオンかもしれない。なにしろすでに一千年以上の永きにわたって日本人に信仰されてきたもので、それは根深く刷り込まれているだろう。もはやその淵源を突き止めて、それを解除する、というような手続きは不可能に近い。それほどに日本人の心身と一体になっているのではないか。

これまで見てきたように、御霊信仰は日本に独特の形で根強く浸透している。そして鬼門も、一種の御霊信仰である。そして鬼門の鬼は、私たち自身が産み出した、私たちのもう一つの姿であるのだろう。

第7章　異世界のまつろわぬ民　山人・海人・平地人

来訪神は鬼の姿で

昨二〇一八年、ユネスコで日本の「来訪神」が無形文化遺産に登録されたことは周知と思う。それ以来、諸外国からの観光客のかなり多くは、「来訪神」こそが日本の神だと思い込んでいるようだ。しかもその姿は、ほとんどが鬼の面を着けて、人々を脅したり追いかけ回すという設定の祭りなので、鬼こそが日本の神であり、日本の神は皆、鬼の姿をしているのだと思い込んでしまう人々を大量生産することになった。

その一覧は次のようなものだが、東北から沖縄まで広範囲にわたっているので、読者の皆さんもいくつかはご存知と思う。

▼男鹿のナマハゲ（秋田県男鹿市）
▼吉浜のスネカ（岩手県大船渡市）

▼米川の水かぶり（宮城県登米市）
▼遊佐《ゆざ》の小正月行事（山形県遊佐町）
▼能登のアマメハギ（石川県輪島市・能登町）
▼見島のカセドリ（佐賀県佐賀市）
▼甑島《こしきじま》のトシドン（鹿児島県薩摩川内市）（＊二〇〇九年にすでに登録済み）
▼薩摩硫黄島のメンドン（鹿児島県三島村）
▼悪石島のボゼ（鹿児島県十島村）
▼宮古島のパーントゥ（沖縄県宮古島市）

しかも、鬼の面を着けて人々を脅したり追いかけ回すという祭りは、日本全国ほかにもまだまだたくさんある。広島県呉市のヤブ、愛知県中設楽《なかしたら》の花祭、愛知県豊橋の鬼祭り、静岡県の川合花の舞、長野県飯田市の霜月祭など、これらはいずれもナマハゲやトシドンに負けず劣らず盛大で、鬼たちは地域の人々に長く愛されている。このような「鬼祭り」は、全国に無数にあって、簡単には数え切れないほどである。右に挙げた十個所だけがピックアップされたのは、むしろ不可解なほどである。

しかもその主役である鬼たちの由来は、海の彼方からの来訪ばかりではない。山奥からや、その他の見知らぬ世界からなど、人間からは異世界・異次元からの来訪なのである。

海ならば、『古今著聞集』（最古の鬼の姿の描写を記載）などに録されているように、漂着した異人や、膨れ上がった水死体を見た際の驚きがそのまま「鬼」という評価になったものだろう。

そして山ならば、人々の生活圏から隔絶した世界である神奈備《かんなび》、すなわちその地域その地方の信仰対象となっている山であろう。そして、究極の山は、富士山であることは言を俟たない。

ユネスコには（あるいは登録申請者には）それなりの選択基準があるのだろうが、今回の登録騒ぎで完全に誤解されてしまった。先に「甑島のトシドン」が登録されていて、それに加える形で登録申請されたので、あたかも網羅であり究極であるかのように、誰もが思い込んだことだろう。

しかし、「鬼祭り」は、もっとはるかに広範囲で、しかも強く根付いているものなのだ。

「まれびととなる鬼が来た時には、出来る限りの款待をして、悦んで帰つて行つてもらふ。此場合、神或は鬼の去るに対しては、なごり惜しい様子をして送り出す。即、村々に取つては、よい神ではあるが、長く滞在されては困るからである。だから、次回に来るまで、再、戻つて来ない様にするのだ。かうした神の観念、鬼の考へが、天狗にも同様に変化して行つたのは、田楽に見える処である。」（折口信夫「鬼の話」）

まさしく広島県呉の「やぶ」、秋田県男鹿半島の「なまはげ」などは、いずれも鬼の姿をした客神を、年に一度歓待するものである。

「外からの来訪者」への姿勢は、日本と欧米ではまったく異なる。むしろ正反対であると言ってもよいだろう。

欧米では、外からの来訪者は敵（ないしは悪意ある者）とする。だから、守りを厳重にして、家も城も町も一種の要塞と化する。

しかし日本ではまったく逆で、外からの来訪者は福音をもたらす者である。だから住宅には塀も間仕切り程度のものしか設けず、垣根越しに挨拶ができるのだ。

なにしろ第二次世界大戦で敗戦した後、進駐軍を歓待し、マッカーサーを尊重した民族である。その後のわが国のアメリカ化は、戦前への反動もあって、過剰なまでに積極的に染まっていった。

日本人は、他国へ行っても、つまりみずからが来訪者となっても、それを貫いた。

インドも含め、東南アジアや南太平洋のほとんどの国々は、いまなお日本軍の進駐に感謝している。大韓民国と中華人民共和国（中華民国ではない）だけ例外なのはきわめて残念だが、それ以外のアジア諸国にとっては、戦前戦中の日本人は、いわば来訪神であったのだ。

まつろわぬ神

本書では、鬼の概説について触れない方針で来たが、鬼の本質論に肉薄したので、それをふまえた方向で、簡単にふれておこう。

鬼を恐れたのは京都の文化であると、本書ではすでに指摘した。鬼門信仰が肥大化したのも、京都ならではといってよい。後に江戸徳川でも鬼門信仰は発展するが、京都の亜流であって、江戸人は京都人ほどは鬼門を信仰していない。

それでは京都人は、なぜそんなに鬼が怖かったのか。崇徳院を恐れたのも、菅原道真を恐れたのも京都の公家であり、その取り巻きである町衆である。将門まで加えて三大怨霊に仕立て上げたのも、他ならぬ京都人の恐怖心のなせる技であるだろう。

さらに、怨霊を鬼の姿に化けさせた能楽も、京都の文化である。田楽を都市化して、次から次へと怨霊を舞台の上へ採り上げて、挙げ句の果ては般若面でツノを生えさせた。それ以前には、怨霊にツノはなかったので、鬼と怨霊とが一体となった。

しかしこれでは、怨霊と、地獄の獄卒が混同されてしまう。怨霊は、仏教的には確かに地獄へ落ちるものかもしれないが、日本に地獄の観念が輸入されるはるか以前から「おに」はいたのだ。「おぬ」ものは、それだけでこの世のものではないのだから、「ツノ」まで生やす必要はないだろう。

とはいうものの、ツノがなくとも鬼は鬼であって、人々が怖れる存在であることに変わりはない。つまり「怖れる存在」が「恐ろしい存在」となって、鬼は完成したのだ。怨霊も鬼婆もこれである。

鬼の概念や表象はいよいよ多種多様となって、収斂させることは難しい。折口信夫は「鬼の話」で土地の精霊、常世の神、祭り・芸能の客神に区別して論じた。

ただ、それらはすべて想像上の鬼であって、ここには「歴史的に実在の鬼」が欠落している。たとえば漂着渡来人などの一部についてはいずれかに含めているが、鬼の子孫と見做されていた人々や、みずから鬼の子孫であると認じている人々は、ここに含まれていない。そしてそういう人々のことを「まつろわぬ民」と呼んでいる。

記紀の系譜とは無縁の、あるいは縁の薄い土俗神。これら「まつろわぬ神々」とは、縄文の神々である。

神武軍がヤマトに入る際に、各地で激戦があり、族長を殺害している。ナグサトベ、ニシキトベ、エウカシ、ヤソタケル、ナガスネヒコといった名が『日本書紀』には見られる。ヤソタケルは「有尾人」であるとも記される。彼らはこの地の土着の人々であり、すなわち縄文人の族長・首長であろう。

この時代、族長の多くは同時に宗教的権威でもあって、すなわちその一族の〝神〟である。

これらの神々を殺すことで、神武軍は征服を成し遂げていく。「神殺し」こそは、征服の証しなのだ。

しかし「神殺し」の真相は、必ずしも物理的な殺害ではない。『日本書紀』を子細に見ると、殺されたはずの族長とおぼしき人物が、名を一部変えて、さらに地位を得て臣従していることに気付くだろう。微妙にタイムラグを設定しながらも記録を残しているのは、その子孫が現存するからだ。たとえ史書の上でとは言いながらも彼らの先祖を勝手に殺すわけにはいかない。彼らは、もとは敵対していたのに、その後帰順した大事な〝臣民〟だからだ。それに実際に殺害されたのは、ごく一部だろう。政治的には殺害する必要はなく、新たな神に代えれば、帰順したこととなるのだ。新たな神とは、アマテラスである。

名草戸畔《なぐさとべ》などの挿話もその一つであろう。名草邑の首長・ナグサトベは殺されたことにし、その神威を吸収した新たな神を生む。この手法は、古代にしばしば使われたもので、私たちが今認識している信仰・祭祀の姿はその過程を経た後のものである。

白川静によれば、以下。

まつろう神とは弥生神であって、まつろわぬ神とは縄文神である。

まつろう神があれば、まつろわぬ神がいる。

【正】【征】【政】はもと一系の字であり、武力によって他の城邑人民を征服支配し、収奪を行なうことをいう。「まつりごと」が祭政的支配、祭祀を遵奉することによって「まつろふ」という支配の関係であるのに対して、【征】とは武力による征服支配をいう字である。

神道には『古事記』に伝えられる神々を軸とした「神の系譜」がある。その神については生い立ちや業績もある程度記されて、歴史上の神として認め知られてもいる。たとえば天照大御神や須佐之男命は、その姿を彷彿とさせるくらいに伝承は詳しい。互いにつながるいわれもほとんどが明らかになっている。

これに対して「土俗の神々」は、「まつろわぬ神々」である。「まつろわぬ」とは、「まつりに参加しない」という意味であって、転じて「中央の意向に従わない」、「服さない」という意味になった。まつろわぬ神々は、鬼や天狗や河童など、各地で独特の信仰や伝承を生み出している。

しかし実際のところ、土俗神の来歴については確かなことはほとんどわからないといってよい。あるものは地主神《じぬしがみ》（地神・地主様）であって、神社や寺院の建立されるはるか昔から、その地に祀られていた。また、あるものは自然現象への素朴な畏怖心が、人ならぬ異常の存在を感じさせて、それを神（妖怪・精霊）と伝えることになった。それらの中には、後になって異国の神に比定されたものもあるし、独特の名称を付与されて、完全に単独の信仰を形成したものさえある。

記紀に最初に登場する異形の神は「天狗《てんぐ》」である。

赤ら顔で鼻のそそり立っているのが大天狗《おおてんぐ》、緑色の顔でクチバシをもつのが烏天狗《からすてんぐ》（小天狗）。高下駄を履き、背中に翼があり、空を飛ぶ。呪力のある羽団扇《はうちわ》を持っている。格好は修験者《しゅげんじゃ》（山伏《やまぶし》）であるが、これは後世に創作されたものの一つであって、大衆の好みが反映していると思ってよい。天狗にまつわる様々な伝説も、また同様であろう。山奥に住み、時おり里に降りてくるというところから、一種の「山神」であるだろう。

山は古来、異界とされて、神の住まうところと考えられてきた。とくに峻険な山岳は、里人の立ち入ってはならない神域であるとされて信仰の対象となった。修験道などはあえてその山に籠もって修行を重ねることで、山のもつ特別な力を身に付けようとしたものである。その修験者が、時折里に降りてきて、人を驚かせたことも天狗の姿に影響を与えていると思われる。

古代中国で流星や彗星のことを「天狗」と呼んだのが語源といわれるが、天狗伝説そのものは世界にも例を見ない日本独特のもので、山中の怪異現象の多くは天狗と結びつけて考えられた。たとえば、山中で大樹を挽いて倒す音が聞こえるが、その辺りに行っても何も起こっていないという現象を「天狗倒し」という。山中でおおぜいの高笑いが聞こえるという「天狗笑い」、突然どこからともなく石つぶてが飛んでくる「天狗つぶて」、神楽のおはやしが聞こえてくる「山神楽《やまかぐら》」、——こういった怪異現象はすべて天狗のしわざと考えられていた。そのほとんどは実害のないもので、「山は恵みのもと」という日本古来の神観念にもとづいている（「神隠し」を天狗のしわざとした例もあるが、これはまったく次元の違う現象であろう）。

なお天狗は、その姿形から、天孫降臨の際に道案内に立った猿田毘古《さるたひこ》神になぞらえられてもいる。

記紀神の天狗に対して、民間信仰で代表的な異形の神は「河童《かっぱ》」であろう。

川や沼・池などに棲むといわれ、全国いたるところに伝承が残っている。ただし、その名称は、水虎《すいこ》・河童《かわらべ》・カワッパ・ガラッパ・河太郎《かわたろう》・河子《かわこ》・ミズチ・ガタロなど様々である。しかしその姿形は、おおむね一致している。大きさは子どもくらいで、頭に皿があり水をたたえている。クチバシをもち、手足に水掻き、背中に甲羅がある。全身はウロコでおおわれて（あるいはカエルの皮膚のようで）、ヌルヌルしている。生臭いにおいを発し、キュウリを好む（鮨《すし》の「カッパ巻き」はこれに由来する）。腕は左右一本につながっていて、片方を引っぱると一続きに抜けてしまうという。

河童にも、人に勝る霊力があって、そのみなもとは頭の皿にたたえた水である。そこに水のある間は力が強く、人や馬を水中に引きずり込み、肛門から肝《きも》（または尻子《しりこ》玉《だま》）を抜き取るという（血を吸い取るともいう）。

河童は水中に棲むところから水神には違いなく、とくにキュウリを好むのは、水神の祇園信仰と結びついたためといわれる。また河童に襲われないためのお守りとして鎌《かま》などの金物を所持せよ、というのも水神としての証左であろう。

土俗神はしばしば小童の姿をかりて現れるが、河童もその一種である。また、動物（蛇や狐など）の形となって現れるという古俗の信仰とも相通ずる。

一本足という異形の土俗神は「**案山子**《かかし》」である。

日本人の生活サイクルは稲の収穫が軸になっている。民俗神（土俗神）の出現も、これと符合する。春祭りで山から降りて「田の神」となり、秋祭りで山に戻って「山の神」になるという循環神の信仰は象徴的である。そのような九州地方の「田《た》の神《かん》さあ」と並んで、「案山子《かかし》」は田の神の代表的なものである。旧暦十月十日におこなわれる「案山子上《かかしあ》げ（関東地方などでは十日夜《とおかんや》）」は、夏の間じゅう稲の生育を見守り、収穫をもたらしてくれた案山子神に感謝をささげて、山へ見送る収穫祭りである。

案山子の姿は、おおむね簑《みの》と笠《かさ》を着けて弓矢をもち、一本足で立つ。まさに「まれびと神」そのものである。

地方によってオドシ・山人《やまびと》・ソメ・嗅《かが》し・ヤイジメなどとも呼ぶ。

また、案山子の立つ田には、注連縄《しめなわ》を張ることもある。案山子が神の「依《よ》り代《しろ》」であることの証しであろう。

ちなみに、案山子は久延毘古《くえひこ》という名で、すでに『古事記』に登場する。大国主神が御大《みほ》の御前《みさき》にいる時、波の高みから舟に乗ってやって来る神があった。その名をたずねても答えず、供の神たちに聞いても誰も知らない。その時多邇具久《たにぐく》（ひき蛙）が言った。

すなわち久延毘古とは、最も古き神々のことを承知している土俗神である。
ことごとく天の下の事を知れる神なり」（『古事記』より）
「久延毘古は、今に山田の曾冨騰《やまだのそほど》（かかし）といふなり。此の神は、足は行かねども、
少名毘古那神は、その後、大国主神の国作りのパートナーとなった。
そこで久延毘古を召し出してたずねると「神産巣日神《かみむすひのかみ》の子、少名毘古那神《すくなひこなのかみ》」という。
「久延毘古ならきっと知っているはずです」

そして「鬼《おに》」が出現する。

節分《せつぶん》（追儺《ついな》）の豆まきは「鬼やらい」とも呼ばれる。「福は内、鬼は外」と発しながらまく豆の音が、鬼（悪神）を退散させるという。

前述したように鬼の語源にはいくつかの説があって一定しないが、漢土では死者の霊をそう呼んだ。日本の鬼もこれと無縁ではないが、独特の姿がある。頭に角《つの》をもち、虎の皮の褌を着けている。

「雷様《かみなりさま》」と呼ばれて雲の上にいる。

「瘤取爺《こぶとりじじ》」の昔話などでは山奥にいる。

「桃太郎」や「一寸法師」では海の彼方の異界・鬼ヶ島にいる。

地獄の赤鬼・青鬼は仏教の影響で作られたイメージだが、異形のもので恐ろしい存

在という点は、最初から共通していたものだろう。

また、十二支の方位方角において、東北位は丑寅《うしとら》に当たるが、これを「鬼門《きもん》」という。鬼の姿が牛の角と虎の皮の褌であるのはこれに符合する。

鬼はまぎれもない日本の神である。荒ぶる神の象徴的存在といえる。

日本では古くから、異形のもの、あるいは異常な力をもつものは神とされていて、このことは日本の土俗信仰の基本になっている。すなわち、悪神・禍神《まがかみ》は、転じて守護神になるという理念である。須佐之男命はその代表でもあり、平将門や菅原道真などの怨霊神にも同じことがいえる。「鬼神《きじん》のごとし」という形容は、異常な力に対しての畏怖であるとともに、讃仰の意味もある。

また古来日本人が想定した鬼の国の場所を考えると、これも本来は山の神であろう。鬼は悪霊や災厄を退散させる力を持つともされるようになり、つまり春を呼ぶ神となった。全国各地に「鬼まつり」が発生し、現在に至るまでますます盛大におこなわれるようになってきたのはその信仰が基底にあるからだろう。

土俗の神々は、ほとんどが「まれびと」である。これは民間信仰の日本的特徴であって、出現する時には異形の者、あるいは子どもの姿、動物などの形をとる（いずれかの複合も多い）。それも本来は、『古事記』以来の系譜につらなる神々であるといわれるが、実証することはできない。

「山の神」は鬼か？

太古より、東国の象徴は富士山である。ほぼ定期的に起こる大噴火と、単独峰であるがゆえの三六〇度どこからでも望める秀麗な姿は、古来、東国の人々で知らぬ者はいなかった。恐怖と憧憬の交錯する思いは、縄文時代から（正確には旧石器時代から）すでに日本列島に暮らす人々に共通の認識となっていたかもしれない。いうまでもなく富士山は日本最大の神奈備《かんなび》でもある。

しかし富士山の神は、巷間知られているコノハナノサクヤヒメではない。本来の神は「アサマ大神」さらに古くは「フジ大神」と呼称する神である。

そして「アサマ大神」という神名も「フジ大神」という神名も、日本神話には見当たらない。

しかしそもそも、記紀に「富士山」のことがまったく記されていないのはきわめて不自然ではないか。なにしろ富士山は、太古の昔から隠しようもなくここに屹立しているのだから。

古来、神道は「森羅万象を神とする」思想で貫かれている。そして「山」一般の神は、オオヤマツミ神（大山祇神・大山津見神）である。

また立山は雄山《おやま》神、白山は白山比咩《しらやまひめ》神、富士山・立山・白山の三山は三霊山としてセットでとらえる信仰が古くからあって、男体山《なんたいさん》（二荒山《ふたらさん》）は二荒神（ニコウ神）、比叡山・松尾山は大山咋神《おおやまつみのかみ》など、特定の山神も少なからず祀られている（＊「山神は女神である」というのは俗説にすぎない）。

しかもこれらの神は、おそらく縄文時代あるいはそれ以前から続く信仰で、たいへん古く、弥生時代に出現したような新来の神ではない。火山国である日本にこれほど象徴的な神はないはずなのに、日本神話に登場しないのはどうしたことだろう。

この国で大自然の脅威というならば、「噴火」こそは第一であろう。地震も、噴火と直結しているし、目に見える脅威として「噴火」ほどダイナミックな自然現象は比べるものもないほどだ。大噴火すれば、その噴煙は天まで届くかのようで、真っ赤な溶岩流はあらゆるものを焼き尽くし、人間の非力さをいやというほど知らしめてくれる。古代人は、これこそ「神の力」だと思ったことだろう。

記紀と同時代の貴重な古文献である『万葉集』（七五九年頃成立）は、山部赤人《やまべのあかひと》の「不盡山《ふじさん》を望む歌」を録している。

ここで赤人は「布士《ふじ》」「不盡《ふじ》」という字を用いている。これは万葉仮名《まんようかな》であるから、どちらも当て字で、「フジ」という音にこそ意味がある。この歌は、赤人の没年が七三六（天平八）年とされているので、遅くともその数年前のものであろうと思われる。現代であれば富士山の描写は「美しい」形容におおむね収斂されるだろうが、赤人の歌は、ご存じのようにそうではない。

富士山本宮浅間大社と富士山

「太陽の光も隠れ、照り輝く月の光も見えず」と歌っていて、富士山の噴煙がそれほどにすさまじいという意味であろう。そしてそれが「神々しく、高く貴い」と讃えているのだ。日本最大の活火山を「神の山」として描写している。

さてそれでは、この「神」にふさわしいのは何者であろうか。赤人が歌うように「天地が分かれた時から」つまり古来日本人は富士山を畏れ敬ってきたのは明らかで、藤原不比等がいくら史書記録から消し去ろうとしても、実在する富士山を消すことはできない。と同時に、その「神」も消すことはできない。

であるならば「アサマ神＝フジ神」は、しかるべき神名で日本神話に登場しているのではないだろうか。不比等によって、その神名と富士山との関係こそは消されていても、存在としてふさわしい神がいるのではないか。

右に紹介したように、全国の霊山にはそれぞれ「しかるべき神」が依《よ》り坐《ま》している。にもかかわらず、最大の火山である富士山に仮託される神のいないはずがないだろう。諾。日本神話には、最大の火山にふさわしい神が登場していることに、本書の読者であれば即座に気付くに違いない。荒ぶる神、スサノヲである。

スサノヲは、高天原を去ろうとする時にアマテラスへ挨拶に訪れるが、その様は、「山も川もことごとく鳴動し、国土すべてが震動した」と『古事記』に記されている。これは「大地震」の描写以外のなにものでもないだろう。そして最大級の地震は巨大な火山の噴火にともなうものであるだろう。つまり、大地鳴動の〝原因〟はスサノヲという火山ということになるのではないか。

スサノヲを祭神とする神社は、全国に約一万三千社ある（境内社も一社に数える／アマテラスを祭神とする神社とほぼ同数）。

そのなかでも「八坂神社」が一番多くて約二千五百社。祇園《ぎおん》祭りで知られる京都の八坂神社が総本社であるとすでに紹介した。その祭りは祇園御霊会といって、平安京の御霊信仰を象徴する催事であるともすでに紹介した。つまり「祟り神」の鎮魂である。しかも祭りの規模から考えても、最大級の祟り神ということになる。

日本の宮都で平安時代から最大規模の祭りがおこなわれてきたことには、それだけの〝意味〟がある。創建についてはいくつもの伝承があって確定しないが、六五六年（斉明天皇二年）に高句麗から来日した調進副使・伊利之使主《いりしおみ》が、新羅の牛頭山《ごずさん》に祀られていたスサノヲを山城国愛宕郡八坂郷に祀ったとの社伝はあるが、ということは、この時点で、スサノヲと牛頭天王は一体であるという信仰ができあがったわけであろう。牛頭天王《ごずてんのう》もスサノヲもともに祟り神・災厄をもたらす神とされていたことから、後付けで政治的な一体化が図られたものであるだろう。

ちなみに、牛頭天王とは、文字通り「牛の頭」をした神で、つまり「ツノ」が生えている。

東人《あずまびと》の鬼信仰は古くから連綿とある。多様な「来訪神」祭りでわかるように、親しみを込めて、鬼信仰は古くから伝えられている。東人にとって鬼は、海や山の異世界から、「福」をもたらす存在なのだ。つまり、それは「神」のことである。

一方、京の都人は、ひたすら鬼を恐れている。山男であったり、落ち武者であったり、盗賊であったりとその実体正体は様々であるが、災難をもたらす魔物であると考える。

これが、鬼に対する東西の姿勢であり、文化構造である。都には鬼は魔物であるとして退治する祭りが盛んで、地方では鬼を神として歓迎する祭りが数多いのだ。追儺や御霊会は都の祭り、なまはげ、呉のやぶ、などは地方の来訪神を信仰する祭りである。

第8章　鬼の栖《すみか》　縄文神への追憶

まつる者と、まつろわぬ者

鬼を魔物・怪物にしたのはヤマト朝廷であろう。ツノを生やさせ、虎皮の褌《ふんどし》をはかせるという異様な風体をも創作した。そして桃太郎や吉備津彦などに征伐させた。猿、鳥、犬が従ったのは、桃太郎＝天皇に臣下の立場を明示して、自己保身するためだろうが、その根底にはさらなる深慮遠謀があった。

古来の神を退治させ、あるいは悪鬼として追いやり（追儺《ついな》）、新しい神を信仰するように仕向けたのだ。

そして、その新しい神こそは、ヤマト人の祀る神である。その祭祀に従う者はヤマト人とされ、従わぬ者は「まつろわぬ者（まつりに参加しない者）」として排除した。そして、まつろわぬ者が信仰する神すなわち「鬼」は、ヤマトの国教となった仏教によって、地獄の番人に落とされたのだ。

柳田国男は『山人考』で、縄文人と弥生人の区別をおこなった。すなわち、縄文人を「山人」と呼び、渡来した弥生人を「平地人」としたのだ。さらに注目すべきは、平地人を「日本人」と規定したことであって、そこから「日本」も始まったと主張した。

もしもわが国の民俗学がここから展開発展したとするなら、おそらくは今とはかなり異なる地平に立ち至っていたと思われるが、残念ながら柳田はこの説を継承せず、『遠野物語』や『山の人生』などで見られるように、うやむやにしてしまった。

これについて谷川健一氏は、南方熊楠の批判による、と指摘しているが（『白鳥伝説』）、それは理由の一つに過ぎないだろう。実際に熊楠の批判めいた論述を見ても、論陣は脆弱で、決して柳田が持論を捨てなければならないほどの説得性は見られない。

熊楠はもっぱら「縄文人」の概念に拘泥しており、その血脈はその後も継承されて脈々と生き続けているのだと指摘している。

その行間には、熊楠自身が縄文人の血脈を受け継いでいて、それが傍証でもあるかのように仄《ほの》めかしている。別に当人の存在が論拠であっても、とくに不都合とは私は思わないが、万人を説得するには不適当であるかもしれない。谷川氏が穿ちすぎたのも熊楠への強い共感が前提となっているように思われる。

この程度の意見であるならば、柳田は『山人考』で発した「日本および日本人概念」を捨てる必要はなかった。その後の考古学や民俗学の成果が教えてくれたように、縄文から弥生に切り替わったのは、まさに「人種」が切り替わったほどの変化であって、また現代に続く弥生文化・弥生人はそれ以前の縄文文化・縄文人とは画然としている。顔貌も体型も、骨格そのものさえも大きく異なっていて、稲作主体となったことによる食生活の変化だけでは説明できない大きな変化である。

この事実を明瞭に解くのは人種・民族の入れ替わり以外にないのではないかと、多くの人が考えるのも無理はない。また、新たな人種・民族が突然この地に誕生することはないのであるから、他の何処からか移り来《きた》る以外にありえないということになるだろう。

そうであるならば、当初に柳田が指摘したように、弥生人こそは海の向こうからやってきた人々であって、彼らによって稲作は持ち込まれ、それまでこの地で暮らしていた縄文人は駆逐されたのだと考えるのが自然だろう。

東へ追いやられた縄文人は蝦夷と呼ばれ、西へ追いやられた縄文人は熊襲《くまそ》や琉球になった。いわゆる「まつろわぬ民」、すなわち従うことのなかった人々は東西の辺境へと追われたという構図になる。

しかし、少なからぬ人々が恭順し、入り交じって暮らす道を選んだことも事実だろう。

そして中央部を制圧した弥生人が日本人となり、彼らが建国した国が日本国《やまとのくに》となったのだ。その国王をオオキミ、スメラミコト等々と様々に美称尊称することになる。現日本人である私たちのほとんどは、その弥生人の子孫ということになる。

ちなみに、国立遺伝学研究所のプレスリリース（二〇一八年）によると、最新の解析データでは「現代の本土日本人に伝えられた縄文人ゲノムの割合は15％程度である」ことが明らかになったという。個体差はあるとしても、これが平均値だという。

これを、「現日本人は15％も縄文人である」と捉えるか、「現日本人は15％しか縄文人ではない」と捉えるかは、各人の自由である。

私自身はＤＮＡ解析を受けていないのでどの程度の比率かわからないが、そんなものだろうなという感想である。

しかしきっと、熊楠が存命であれば、「百％に近いはずだ」と言うかもしれない。

縄文人の一部は都市部に入り交じることもなく畿内その他各地にも残留して、土蜘《つちぐ》蛛《も》や国栖《くず》、隼人《はやひと》等々と称呼されて隷属した。

南方熊楠が風貌体型ともに縄文人のそれであることはおそらく当人の言う通りで、紀伊熊野地域には辺境であるが故に、縄文人の血脈が本来に近いままに存続していたのだろうと思われる。

「ご承知の通り紀州の田辺より志摩の鳥羽辺までを熊野と申し、『太平記』などを読んでもわかるように、日本国内でありながら熊野者といえば人間でないように申した僻地である。」と熊楠は『履歴書』で書き記している。

その後の民俗学のフィールドワークでもそう考えられる風貌・体型の人たちが少なからず現存することがわかっている。地祇（国津神）系の氏族は、そうして残留した縄文人の血脈であるのだろう。

民俗学では「常民」と呼ぶことによって一括した概念設定をしているが、常民にも様々あって、日本列島の多様な環境（風土・気候など）を考えればそう簡単ではない。仏教伝来以前の原始信仰を見ても、海人の信仰、常民の信仰、山人の信仰それぞれが複雑に絡み合って発展している。神道の概念が確定するのは、神社の発生と定着を待たなければならないが、原始道教を取り込み継承した陰陽道、つまり広義の風水とも不可分の関係で、日本および日本人の概念とは、こうした精神風土の上に構築されたものである。

熊野《こもりぬ》の神

「鬼」という観念で覆い隠された縄文の信仰は、実は全国各地に残されているのだが、なかでもとりわけ色濃くとどめているのは熊野であるだろう。

熊野速玉大社の元宮である神倉神社は、神倉山《かんのくらやま》（標高一二〇メートル）の山頂に鎮座する巨石・ゴトビキ岩の傍らにへばり付くように社殿が建てられている。ゴトビキ岩の礎石となっている山頂全体も広大なイワクラであるのだが、そこに社殿の土台として石垣が組まれ、その上に社殿が建てられている。

しかし言うまでもなく、その石垣も社殿も後世のものであって、ここに元からあったわけではない。現在の社殿は天正年間に再建されたもので、それ以前の社殿は最も古い記録から推測すると平安時代中頃に建立されたもののようであると、案内には記されているのだが、事実は少々異なる。

戦前には現在の社殿も石垣も存在しなかった。古写真で確認すると、岩の手前ではなく、後ろにそれらしきものが見える。現在そこには何もないが、もしこれが旧社殿であるならば、天正年間に再建されたというのはこれかもしれない。いずれにしても社殿はいずれ朽ち果てるものであって、イワクラの永遠性に影響するものではない。

麓の参道入り口から山頂まで続く五百三十八段にも及ぶ石段は源頼朝の寄進とも伝えられる。

それなら熊野信仰はこの頃に始まったのかと言えば、まったくそのようなことはなくて、神倉山およびゴトビキ岩はそれよりはるか昔——当然ながら縄文時代からそのままそこに存在していて、人々の畏敬を集めていたはずである。石段には鬼が造った

熊野川瀞峡

ゴトビキ岩

という伝説もあるが、はたしてそれが五千年前なのか一万年前なのか、いずれにしても社殿も石垣も石段もなく、ゴトビキ岩だけが、そのままの姿で偉容を誇っていたのだろう。

なお、「ゴトビキ岩」と呼ばれるようになったのは近年のことで、それ以前は「天《あま》の磐盾《いわたて》」と称されていたようである。

本来的にはいわゆる熊野三社の中で熊野本宮が第一であるのだが、それは元々この地に鎮まる神であることによっている。つまり唯一「生え抜き」なのである。

新宮が海辺の開けた土地に鎮座するのに対して、本宮はそこから熊野川を約四十キロメートルほども遡った山間にある。この地理関係から、古くは本宮が奥宮で、新宮が里宮であったのではないかという説もある。本宮に対しての新宮、というわけである。

しかし「由緒」にあるように、神倉旧宮に対する速玉新宮というのみならず、もう一つの意味も成り立つ。

すなわち、本宮がより古い神であって、新宮は新しい神である、という意味である。

本宮の神は元々この地に鎮まる神であり、新宮の神はある時、降臨した神である。「新宮」という呼称にはその両方の意味が体現されているのやもしれない。そして「本宮」は「本々から鎮まる宮」の意味でもあるだろう。

本来の意味が判然しなくなるのと軌を一にして、三社それぞれの祀り方も時代が下るとともに複雑になっている。詳細は略すが、本宮は十四神、速玉は十九神、那智は十七神を祭神として祀っている。長年にわたる神仏習合や修験道などとの関係・影響によるものだが、この祭神の多さは特別で、熊野信仰の懐の深さを示しているとも言えるだろう。

しかし本来は、左に示す主祭神のみを祀るものであった。他の神々はすべて後から合祀されたものである。

熊野本宮大社――家津御子《けつみこ》大神（ケツミコ）
熊野速玉大社――熊野速玉大神（ハヤタマ）
熊野那智大社――熊野夫須美《ふすみ》大神（フスミ）

熊野の本質を知るためには、〝宗教的装い〟に惑わされてはならない。本来は、この三神のみなのである。だから他の神々をここには記さない。むろん、各神々を擬《なぞら》えた菩薩や如来などの名も記さない。それぞれの神威や縁起について述べていくならば、他の数多《あまた》ある熊野についての論考と同様に混沌の渦の中に巻き込まれてしまうだろう。

熊野信仰の歴史的変遷や信仰様相の推移などについて研究するならば、それはそれで意味のある作業であって、否定するつもりはない。しかし熊野の発祥、原点を知るには、時の経過とともに次から次に重ね着されてきた装いを徹底して排除しなければならない。そしてその答えが、右に示した主祭神三神である。

もう一歩踏み込むと、さらに古くは本宮と速玉の二社のみであった。那智は並立していない。那智の滝そのものへの畏敬は古来続いているが、具体的な信仰として宗教施設が整えられて、祭祀の体制が成立するのははるか後のことになる。三社体勢が成立したのは、十一世紀後半の、平安時代も半ばを過ぎてからのことだ。三社を「三山」とも呼ぶこと自体も当然新しい。ちなみに近年（大正期）の絵葉書などでも、もっぱら本宮と速玉の二社を前面に出して、那智の滝は名勝旧跡の扱いになっており、地元での認識を示しているだろう。

さてそれでは、那智の夫須美神は、何者か。『古事記』に熊野久須毘《くすび》命、『日本書紀』に熊野豫樟日《くすひ》命とあるのがそれであるという説がある。出雲国（島根県）にはそれを祭神とする神社が四十八社あるが、久須毘、豫樟日、奇比などの祭神名であって、いずれも「クスヒ」であり、「フスミ」に相当する祭神名は存在しない。

また出雲国一宮は熊野大社であるが、熊野大社には「フスミ」はもちろん「クスヒ」も祀られていないし、「クスヒ」を祀る神社は熊野社とは関わりがない。つまり、出雲の「クスヒ」を熊野那智大社の祭神とするのは無理がある。「フスミ」という神名は那智以外には見当たらないところから、「ムスヒ（産霊）」がこの地で転訛したものではないかともされている。

とすれば、本来の神はタカミムスヒかカミムスヒであろう。『古事記』では高御産巣日、神産巣日、『日本書紀』『先代旧事本紀』では高皇産霊、神皇産霊と記す。イザナギ・イザナミの国生み・神生み以前にすでにいる神であって、生殖を象徴する観念の神であって、具体的信仰をともなわない。なお、本宮の祭神は、当初はフスミ神であって、那智が成立する際にフスミ神を遷し、本宮はケツミコ神としたとの伝承もある。

那智の滝

ところで、この三神には、意外な共通点もある。熊野信仰はわが国屈指の古い信仰であるにもかかわらず、実は三神名とも記紀の神話に登場しないのだ。とくに本宮の神は、まったく独自の神のように見える。

その名は家都御子《けつみこ》大神（家都美御子《けつみみこ》大神）と称すが、古くは熊野坐神《くまのにいますかみ》とのみ称されていた。要するに「熊野に鎮座する神」という意味である。名とは言い難い。そのため熊野信仰が広まるにともなって、具体的に神威を示す名が求められたのかもしれない。だとすれば、家都御子という名には本宮の神の本来の性格が体現されているはずである。

家都御子とは、女神である。社殿の千木が内削ぎであることもそれを示しているが、何よりもその名が体現している。速玉大社所蔵の家都御子大神坐像（国宝／平安時代前期）は男性を象っているが、神道の分野においては絵画も含めてこういった神像の造形にはあまり意味はない。仏像に対抗して後世におこなわれたものである。

日本の神に、具体的な〝顔〟はない。それは、「偶像崇拝」ではないからだ。これに対して、たとえばキリスト教では教会には神の姿を描いた壁画などがあって、信仰対象となっている。また、十字架に磔刑となったイエス・キリストの像や、マリアとイエスの母子像などは不可欠な信仰対象である。

仏教でも、仏像は不可欠で、寺院の本堂には仏陀を始め多くの像が犇《ひし》めいている。とくに日本仏教は世界的にも特異なもので、仏教本来の思想から変質し、仏像を跪拝することによって救済を求めるという、仏像信仰に特化した。

しかし日本固有の民族信仰は、自然信仰が原則であって、ついに偶像を持たなかった。山や木や岩を拝み、特定の姿を求めなかった。ただしそれは、仏教が渡来するまでのことであるが。

平安時代になると仏像を真似て神像も造られるようになり、右に紹介した家都御子大神坐像のようなものも造られるようになる。しかし結局は、限られた範囲の、しかも一過性の風習に過ぎなかったようで、仏教のようにはならなかった。全国の神社の中でも、神像を祀るものは少数に限られている。

それでは神社の本殿には何が祀られているのかといえば、「御神体《ごしんたい》」である。御神体は鏡が最も多いが、他に剣や勾玉など、神の依《よ》り代《しろ》となるものが祀られている。御神体に依《よ》り坐《ま》す神は、姿はなく、「神威」のみがある。ただそれぞれの由緒由来によって、性別・性格・能力などが伝えられ、信仰されている。

本宮の神・家都御子大神（家都美御子大神）も、本来姿のない神である。しかし性別、神威は示唆されている。

「ケツミコ」とは「ケツ・ミコ」で、「ミコ」は巫女であろう。別名の「美御子」が「美」を冠しているところからも女性神を示唆している。

そして「ケツ」とは、御饌津神《みけつ》、御食津神《みけつ》の「饌津《けつ》」「食津《けつ》」であろう。「御」は尊称、「ケ（饌・食）」は「食物」、「津」は「の」であるから「食物の」という意味である。食物神は『古事記』では大宜都比売神《おおげつひめのかみ》、『日本書紀』では保食神《うけもちのかみ》、『先代旧事本紀』では大御食都姫神《おおみけつひめのかみ》として登場する。

すなわち、熊野神・家都御子大神とは、ミケツカミのことであり、この地で古来信仰されてきた縄文神のことだろう。熊野川の化身であり、流域に恵みをもたらし、さらに熊野灘へ注いで海の恵みともなる。つまりケツミコとは、この神の能力を示す神名だ。熊野坐神《くまのにいますかみ》に何か特別な名を奉ろうという自然の成り行きがそれを生み出したものだろう。

しかし、しいて本来の神の名を特定するならば「くまの（隈野）」あるいは「くまぬ」であろう。すなわちその土地の呼び名である。

熊野の語源にはいくつかの説があるが、おおむね一つの方向に収斂している。

『古事記伝』は、「クマ」は「コモリ（隠）」の義、としている。

『古史通或問』は、「カミノ（神野）」の転、としている。

すなわち熊野の正体は、「隠（おん・おぬ）」であり、「神野（かみの）」である。それは「鬼（おぬ・かみ）」と、大和言葉では同一であった。おそらく太古より、鬼が隠れ棲む場所とされていたのだろう。

天皇に祟る三輪の神

日本の神は、恐ろしくて、優しくて、という、あたかも矛盾しているかのような二面性を持っている。しかしこれが日本の神信仰の本質で、三輪のオオモノヌシもそういう神になった。祟りなす神として時の天皇・崇神《すじん》から恐れられつつも、皇女によって懇篤に祀られて、ついには国家鎮護の神となった。大神《おおみわ》神社と伊勢神宮は、そういう神社として成立した。三輪は縄文の信仰であり、伊勢は弥生の信仰である。そしてその証しは、大嘗祭《だいじょうさい》に受け継がれ、粟と稲の祭祀として結実した。

それではオオモノヌシとは何者か。

「最古の神社」といわれる大神神社は、実は祭祀形態としても古式をとどめていて、多くの神社とは異なっている。普通に参拝しただけではわかりにくいが、拝殿はあるものの、その奥に本殿はない。拝殿の奥はそのまま三輪山であって、三輪山そのものが御神体である。そして三輪山は、オオモノヌシの墓、御陵であるのだろう。

『古事記』では、オオクニヌシが三諸山《みもろやま》（三輪山）へオオモノヌシを祀ったとしているが、ヤマトを去ることになるオオクニヌシが、自らの霊威を引き継がせるために三輪の王としてのお墨付きを与えるための関連づけかもしれない。

そしてオオモノヌシの正体・実体について、「オオクニヌシの異称」や「オオクニヌシの幸魂奇魂《さきみたまくしみたま》」などとも記されているが、もともと別の神であるため、いずれも宗教的権威を継承する神であることを示す意図があるのではないだろうか。そもそも出雲の長であるオオクニヌシが、オロチの長と同一では対立関係になりようがない。オオモノヌシは、オオクニヌシでもオオナムヂでもなく、まったく別の神である。

オオモノヌシには伝説が多い。

神武天皇の皇后は媛踏鞴五十鈴媛《ひめたたらいすずひめ》（伊須気余理比売《いすけよりひめ》）であるが、オオモノヌシの女《むすめ》である（コトシロヌシの女《むすめ》とも）。

伝説では、オオモノヌシは丹塗りの矢に姿を変えて流れを下り、用足し中の勢夜陀多良比売《せやだたらひめ》の女陰《ほと》を突いて懐妊させる。そして生まれたのが神武妃となる（賀茂神話と相似であるのは同一の神であるとの示唆か）。

また、いわゆる「箸墓《はしはか》伝説」では、倭迹迹日百襲姫《やまとととひももそひめ》は夫のオオモノヌシが夜しか姿を見せないので訝《いぶか》ると、小さな蛇が姿を現す。これに驚いて叫んだために、オオモノヌシは恥じて三諸山（三輪山）へ登ってしまう。倭迹迹日百襲姫は悔やんで箸で女陰を突いて死んでしまう。このため埋葬された墓を箸墓と呼んだ。

いずれも「女陰を突く」という共通項があるのは、女系による血族をシンボライズしたものであるだろう。娘を神武の皇后にする、つまり神武を娘婿としてヤマトに迎えて、ヤマト王権を継承させることへの布石とも見える。

記紀の崇神《すじん》天皇の条には、災厄が多いので占ったところ、オオモノヌシの祟りであって、その子孫である大田田根子《おおたたねこ》に祀らせよとの神託があり、祀らせて鎮まった、とある。これが現在に続く大神神社《おおみわじんじゃ》である。

この祟り神の依り代こそが天叢雲剣《あめのむらくものつるぎ》である。大神神社・オオモノヌシは祟りなす強力な神であったが、天皇によって手篤く祀られたことにより国家の守護神となった。

そしてその依り代は、三種の神器の一つとして、皇位継承の証しともなったのだ。

それでは、なぜ天叢雲剣がオオモノヌシの依り代なのかというと、ヤマタノオロチに体現される賊衆の長がオオモノヌシであったと私は解釈する。

そして後に、天叢雲剣は斎宮・倭姫命からヤマトタケルに授けられた。これは、まぎれもない皇位継承の儀式である。無事に帰還すれば、次期天皇としての玉座が待っているはずであったのだ。（＊三種の神器についての詳細は拙著『三種の神器』をご参照ください。）

オオモノヌシは、これほどに巨大な神でありながら、実は三輪系統の神社でしか祀られていない。言い換えれば、もとからオオモノヌシ神を祀る神社は三輪以外にはないのだ。

この事実は、オオモノヌシという神名が、ここに祀るためだけに作られたことを意味する。古くから親しまれている神は、時が経てば経つほどに信仰は周囲へと広がっていき、古ければ古いほど伝播範囲は広くなる。そしてそれを止めることは誰にもできない。

大神神社は、この国で最も古い神社の一つである。にもかかわらず、このように〝限定〟されているのは、別の名で広く信仰され崇敬される神であって、しかしその偉大さをヤマトの中心で高らかに謳い上げるわけにはいかなかったのだ。

大物主とは、文字通り「大」いなる「物」の「主」である。神名は本来、読み仮名で認識し、充当されている漢字にとらわれないことが肝心であるが、オオモノヌシについては当初からこの文字表記がされていて、これ以外の表記はない。つまり、この神名が誕生した時には「大物主」という表記に意図、あるいは意味が体現されていたと思われる。

蛇信仰は土俗神である。龍神信仰が渡来してからは、同類の伝承はその多くが龍に変わった。オオモノヌシの正体が白蛇であるのは、この神がより古い神であることの証左でもあって、おそらくは縄文由来であるだろう。鬼も蛇も、古来、異形の嫌われ者である。

また、オオモノヌシは名前ではないだろう。「オオ」は強調であり、「モノ」はカミであり、「ヌシ」は当地の主宰者を表している言葉であるから、固有名詞ではない。漠然とした代名詞と考えるのが妥当だろう。

「物」とは、物部《もののふ》のことでもある。武力・軍事に長けた者、という意味である。これが氏族名になるのは後のことだ。

それでは「偉大なる物部の主」とは、誰のことか。それは、物部氏の氏祖であるウマシマジの伯父であり、後見人でもある長《なが》髄彦《すねひこ》である。別名のオオナムヂやオオクニヌシを祭神とする神社は全国に数多い。出雲系のほとんどがそうであるから、その数は一万社余に上る。しかし「別名」を容認するなら、の話である。

大神神社拝殿。背後の杜は三輪山

　長髄彦の本来の名は、登美能那賀須泥毘《とみのながすねひ》古《こ》、登美毘古《とみびこ》である。ニギハヤヒが降臨した鳥見白庭山《とみのしらにわやま》（現・生駒山）を本拠としていたことによる名であろう。

なお、「こんぴらさん」の通称で知られる金刀比羅宮《ことひらぐう》は、大物主を祀っているが、これは明治の神仏分離の際に定めたものだ。元は真言宗の象頭山松尾寺金光院という寺院であったが、これを機に神社へと改宗した。その際に、古い伝承に基づいて祭神を大物主とした。オオモノヌシが象頭山に営んだ行宮《あんぐう》の跡を祭ったのが琴平神社であるが、中世以降に本地垂迹説により仏教の金毘羅《クンビーラ》と習合して金毘羅大権現と称した。ヒンドゥー教のガンジス川の神クンビーラだ。クンビーラ（マカラ）は元来、ガンジス川に棲む鰐《わに》を神格化した水神で、日本では蛇型とされる。オオモノヌシの正体が蛇であったという伝説は、ここへつながる。

三輪山の神こそは長髄彦である。崇神王朝に崇りを為した「神宝」こそは、長髄彦の御霊代《みたましろ》である天叢雲剣《あめのむらくものつるぎ》である。そして、崇り神として鎮魂されている。正体を蛇としているのはその証しだ。蛇体すなわちオロチと呼ばわるのは貶《おとし》める意図があってのものであって、その意図とは「崇り神」である。三輪信仰の本質も、崇り神であって、だからこそ手篤く祀れば強力な守護神となるというのは、御霊《ごりょう》信仰の原理である。

かつてこの地に存在した三輪王朝こそは、長髄彦王朝であろう。そして、オオナムヂにおこなったように、長髄彦にも対処したのだ。オオナムヂを鎮魂するために杵築大社（出雲大社）を建立したように、長髄彦を鎮魂するために大神神社を建立した。

両者ともに「縄文の神」である。

ただ、伊勢の五十鈴川河畔に鎮座するまで聖地探しの旅があった。三輪山の檜原神社から発して、滝原宮で仮宮を過ごし、さらに東の聖地を見出すまでに多くの年月を要している。さらにそこから、依り代の剣はヤマトタケルに託されて、さらに東へ移動し、熱田に鎮座することになるわけだが、その目的はアズマエビスの封であることは当然である。これはまるで、桃太郎の佩刀で、鬼を封印したかのように、私には思えてならない。なにしろあまねく神社の創建は、ヤマトの意思に他ならないのだから。

鬼の栖《すみか》

熊野や三輪は信仰の原型原像をとりわけ色濃く残しているが、縄文の神への信仰は、素朴な形で全国各地にも残っている。縄文時代から今日現在まで畏敬され信仰を集め続けている霊地聖地を点描すると、そういった元々の祖先たちの信仰圏が見えてくる。そして、そのほとんどは「鬼」の栖《すみか》である。代表的なものを挙げてみよう。むろんこの他にも少なからず存在するが、その基準は、「縄文時代から信仰の対象であった」という一点に尽きる。そしてそれらは、今にいたるまで、その地域の代表的な神奈備《かんなび》である。

岩木《いわき》山《やま》（青森県）
月山《がっさん》（山形県）
湯殿山《ゆどのさん》（山形県）
羽黒山《はぐろさん》（山形県）
鳥海山《ちょうかいさん》（秋田県・山形県）
岩手山（岩手県）
建鉾山《たてほこやま》（福島県）
御神楽嶽《みかぐらたけ》（福島県）
弥彦山《やひこやま》（新潟県）
妹背山（新潟県）
二上山《ふたかみやま》（富山県）
立山《たてやま》（富山県）
白山《はくさん》（石川県）
天筒山《てづつやま》（福井県）
筑波山《つくばさん》（茨城県）

岩木《いわき》山《やま》神社（津軽国一宮）
月山神社
湯殿山神社
出羽《いでは》神社
鳥海山大物忌《おおものいみ》神社（出羽国一宮）
岩手山神社
都々古別《つつこわけ》神社（陸奥国一宮）
伊佐須美《いさすみ》神社（岩代国一宮）
彌彦《いやひこ》神社（越後国一宮）
度津《わたつ》神社（佐渡国一宮）
気多《けた》神社（越中国一宮）
雄山《おやま》神社（越中国一宮）
白山比咩《しらやまひめ》神社（加賀国一宮）
気比《けひ》神宮（越前国一宮）
筑波山神社

二荒《ふたら》山《やま》＝男体山《なんたいさん》（栃木県）
荒船山《あらふねやま》（群馬県）
吾谷山《あづちやま》（千葉県）
御《お》室山《むろやま》（埼玉県）
武《ぶ》甲山《こうさん》（埼玉県）
三峯山《みつみねやま》（埼玉県）
大山《おおやま》（神奈川県）
富士山（静岡県）
本宮山《ほんぐうさん》（静岡県）
本宮山《ほんぐうさん》（愛知県）
富士山（山梨県）
浅間《あさま》山《やま》（長野県）
戸隠山《とがくしやま》（長野県）
位山《くらいやま》（岐阜県）
南宮山《なんぐうさん》（岐阜県）

日光《にっこう》二荒《ふたら》山《さん》神社（下野国一宮）
一之宮貫前《ぬきさき》神社（上野国一宮）
安《あ》房《わ》神社（安房国一宮）
金鑽《かなさな》神社（武蔵国二宮）
秩父《ちちぶ》神社
三峯《みつみね》神社
大山阿夫利《あふり》神社
富士山本宮浅間《せんげん》大社（駿河国一宮）
小《お》國《くに》神社（遠江国一宮）
砥《と》鹿《が》神社（三河国一宮）
浅間《あさま》神社（甲斐国一宮）
浅間神社・遠近宮《おちこちぐう》（長倉神社）
戸隠神社
水《み》無《なし》神社（飛騨国一宮）
南宮大社（美濃国一宮）

高山入道ヶ嶽（三重県）
高野山《こうやさん》（和歌山県）
布留《ふる》山（奈良県）
比叡山《ひえいざん》（滋賀県・京都府）
神山《こうやま》（京都府）
御影山（京都府）
神津嶽《かみつだけ》（大阪府）
三輪山（奈良県）
粟鹿《あわが》山（兵庫県）
御冠山《みかんむりやま》（鳥取県）
天狗山・熊野山（島根県）
八百《やお》山（島根県）
吉備の中山（岡山県）
吉備の中山（岡山県）
弥山《みせん》（広島県）

椿大神社《つばきおおかみやしろ》（伊勢国一宮）
丹生都比売《にふつひめ》神社（紀伊国一宮）
石上《いそのかみ》神宮
日吉《ひよし》大社
賀茂別雷《わけいかづち》神社（上賀茂《かみがも》神社）（山城国一宮）
出雲大神宮（丹波国一宮）
枚岡《ひらおか》神社（河内国一宮）
大神《おおみわ》神社（大和国一宮）
粟鹿神社（但馬国一宮）
倭文《しとり》神社（伯耆国一宮）
熊野大社（出雲国一宮）
物部《もののべ》神社（石見国一宮）
吉備津《きびつ》神社（備中国一宮）
吉備津彦神社（備前国一宮）
厳島《いつくしま》神社（安芸国一宮）

石鎚山《いしづちやま》（愛媛県）　石鎚《いしづち》神社
鷲《わし》ヶ頭山《とうさん》（愛媛県）　大山祇《おおやまつみ》神社（伊予国一宮）
大麻山《おおあさやま》（徳島県）　大麻比古《おおあさひこ》神社（阿波国一宮）
高良山《こうらさん》（福岡県）　高良《こうら》大社（筑後国一宮）
御許山《おもとやま》（大分県）　宇佐神宮（豊前国一宮）
阿蘇《あそ》山（熊本県）　阿蘇神社（肥後国一宮）
尾鈴山《おすずやま》（宮崎県）　都農《つの》神社（日向国一宮）
御壇山・桜島山（鹿児島県）　鹿児島神宮（大隅国一宮）

本書の読者の方々は、その出身地は全国様々であろうと思われるが、右のリストにその地域で該当する神奈備《かんなび》を思い返すと、太古由来の信仰をイメージできるのではないかと思う。

併記の神社に「一宮《いちのみや》」が圧倒的に多いのは、一宮であればその多くは縄文時代からの霊地であることの証左でもあるからだ。近代になって設定された官国幣社制度は、文字通り「官製」のものであるが、一宮は自然に出来上がった、いわば「民製」である。人々が太古から自然に畏敬信仰していたものであろう。それゆえ一宮は、もともとは鬼を鎮める社（やしろ）から発生したものかもしれないと私は考えている。一宮の多くは、後付けで官国幣社の大社や中社などにも列せられることとなるが、明治時代以降に創建されたり、中世以降に政治的な格上げがおこなわれた官国幣社とは根本的に一線を画するものである。

たとえば福島県の**建鉾山**《たてほこやま》は、別名・都々古《つつこ》山。山頂に「立鉾石」と呼ばれるイワクラがあり、古くからそれを祀る祭祀がおこなわれてきた。発掘調査ではその祭祀遺跡は少なくとも五世紀までは遡れることが確認されているが、すでにそれ以前から信仰されていたのは間違いない。当山を神体とする都々古別《つつこわけ》神社が山麓に鎮座し、陸奥国一宮として東北地方でも有数の古社である。

『朝野群載』では祭神を「都々古別神」と記しており、現在の祭神である味耜高彦根命《あじすきたかひこねのみこと》は記紀神話に連なるための後付けであろうと推測される。すなわち、神体山の名は元は**都々古山**であり、祭神の名は都々古別神であったのであろう。そして弥生時代以後にヤマト系であるかのように変えられたものだろう。都々古別神が何者であるのか、まったく伝わっていないが、東北地方一帯で縄文時代に広く信仰されていた古き神であることだけは間違いない。「ツツコワケ」という神名の謎は、縄文人の信仰を解き明かすための重要な鍵の一つであるだろう。私は、鬼の呼び名、鬼の異称ではなかったかと思っている。

富山県の**立山**《たてやま》（雄山《おやま》神社／越中国一宮）と、石川県の**白山**《はくさん》（白山比咩《しらやまひめ》神社／加賀国一宮）と、静岡県・山梨県の**富士山**（富士山本宮浅間《せんげん》大社／駿河国一宮、浅間《あさま》神社／甲斐国一宮）とは、**日本三霊山**として古くから信仰されている。いわばカンナビ信仰の代表である。

講を組んで集団登拝するスタイルは、仏教や修験道以前からの、おそらくは縄文時代からの参詣方法であるだろう。三山ともに名だたる高山であって、登拝には危険も伴う。よって、信仰による強いつながりを持つ者たちで互いに助け合いながら登拝するという機能面の工夫もあったのかもしれない。山岳は、庇護者としての和魂《にぎみたま》の側面と、試練を与える荒《あら》魂《みたま》の側面との両方を併せ持つのだ。それはあたかも「鬼」の両面を体現しているかのようである。畏怖と感謝が交錯する山岳信仰の原型がここにある。

白山比咩神社、山頂奥宮

和歌山県の**高野山**《こうやさん》は、弘法大師・空海が開基した真言宗・金剛峯寺《こんごうぶじ》の本山としてあまりにも有名である。しかし本来この地は、丹生都比売《にふつひめ》神社（紀伊国一宮）の神体山＝神奈備《かんなび》である。その場所は八つの峰に囲まれた盆地であって、単独峰そのものではないが、古来、特別な霊地聖地である。

伝承では、丹生都比売神の御子神・高野御子大神の化身である狩人が空海を導いたという。それを受けて、空海は、弘仁七年（八一六年）、嵯峨天皇に高野山の下賜を請願し、勅許を賜る。朝廷に深く関わっていた空海の政治力がいかに強力なものであったかよくわかる。**比叡山**《ひえいざん》もそうだが、神道の霊地が仏教に奪われたものである。神社由緒に「神仏習合のはじまりの神社」と掲げられているのは皮肉なものだが、この後、丹生都比売神社の神領はすべて統合されて、完全に金剛峯寺の配下となる。神道・神社として再び独立するのは、明治の神仏分離まで一千年余も待たなければならない。ちなみに古寺大寺のほとんどは、もともとの縄文霊地に建っている。そして、街場に鬼がやってくるのは、これらの山からと相場は決まっている。

京都府の**神山**《こうやま》は、賀茂別雷神社《かもわけいかづち》（上賀茂《かみがも》神社／山城国一宮）の神体山《カンナビ》である。

上賀茂《かみがも》神社から賀茂川を下ると広大な原生林が広がる。ここが賀茂御祖《かもみおや》神社（下鴨《しもがも》神社／山城国一宮）のヒモロギ・**糺の森**《ただす》である。「糺《ただす》」の語源は、神が顕れることを意味する。上賀茂・下鴨は、二社一体で京の鬼門守護となっている。

なお、賀茂別雷神《かもわけいかづち》から修飾語を取ると「雷神」となる。すなわち縄文神たる雷神を、弥生の祭祀氏族・賀茂氏が祀ったのが起源であろう。いうまでもないことだが、雷神は「鬼」とされる。


四国の石鎚神社は一宮ではないが、一宮である四国の他の三社よりも古い起源を持つ。縄文信仰の最たるものであるだろう。考古学上の発掘によればおおよそ八千年前、つまり縄文時代早期にはすでに山麓に集落が営まれており、以来、**石鎚山**を日々見上げる生活がこの地にはあった。

祭神は石土毘古《いわつちひこ》神であるが、文字通り石鎚山そのものであり、山岳信仰の原初の形である。

石鎚山は西日本の最高峰であって、広範囲に遠方からもその山頂は望めることから、古来、信仰も広範囲にわたっていたと推測される。富士山に代表されるように、山岳信仰の第一は、特徴的な山容がはるか遠方からも望めることが前提条件である。しかもその条件は太古、縄文時代においても何ら変わることがない。麓から山頂に至るまで全山岩山であって、鬼岩屋という呼び名もあるように、いかにも鬼が棲み着いていた異郷に見える。

大分県の**御許山**《おもとやま》は、宇佐神宮（豊前国一宮）の神体山であり、奥宮・大元神社が鎮座する。宇佐神宮は全国の八幡神社の総本宮であるが、祭神である八幡神の由来については諸説あって、依然として謎に包まれている。社伝では応神天皇を八幡神とするも、そのはるか以前に御許山に降臨した八幡神に、後々応神天皇を重ねたとも考えられ、あるいは御許山山頂に鎮まる三体のイワクラに古き神三柱が依り坐《ま》してよりの信仰ともされている。

この三体に依り坐す神を、宗像《むなかた》三女神として、その総称が宇佐神宮の中央に祀られている比売《ひめ》大神であるとの説もあるが、比売大神こそを主祭神とし、その実体を邪馬台国の女王・卑弥呼であるとする説もある（＊拙著『アマテラスの二つの墓』参照）。しかし御許山は、アマテラスや卑弥呼よりはるか以前の縄文由来の信仰であり、宇佐神宮本社からも創建当初より畏敬されていたのだと思われる。はたして何者が棲まう霊地であったのか、太古由来の謎の禁足地である。現在でもその祀り方には、なお強い畏怖心が潜んでいるかのようだ。

熊本県の**阿蘇山**《あそ》は、阿蘇神社（肥後国一宮）の神体山であることはいうまでもないが、同時にわが国で最も古い浅間山であるだろう。

「あさま山」は全国に散在し、富士山も元は浅間山と呼ばれていたと思われるが、「あさま」とは火山の古語で、火山はすべて「あさま」であった。そして「あさま」は「あそま」から転訛したものであり、「あそま」は「あそ（阿蘇）」から来ている。

火山としての阿蘇山の活動は古く、おおよそ六〇〇万年前から活動をおこなってきたとされるが、約九万年前の噴火はとりわけ大規模なもので、火砕流は九州の大半に及び、なおかつ山口県の秋吉台にまでも到達しており、火山灰は北海道や朝鮮半島でも確認されている。そしてその火山活動は有史以降も現在に至るまで活発であって、阿蘇山は日本人に常に畏怖される山の筆頭であったのだ。古来、大災害の脅威は、阿蘇によるもので、他の「あさま山」は、いわばそのミニチュアであった。阿蘇には、怨念を体現したという鬼八伝説や、鬼たちが暴れ回る代わりに山嶺を積み上げたという伝承などがある。

御許山参道

さて、こうしてみるとわかることだが、縄文時代から信仰されていた（畏敬されていた）場所が、その後も厚く信仰され、さらに現在に至るまで全国で崇敬されている。特別な山、特別な森、特別な島は、神社や寺院などとなって施設の様相は移り変わっても、当該地そのものは縄文時代から変わらずに信仰されている。つまり、日本列島は、もともと「鬼の栖《すみか》」であったのだ。

鬼の復権

水田耕作をおこなわない縄文人は、弥生人に対して少数者となるのは必然であった。稲作によって支えられる人口と、狩猟や漁撈によって支えられる人口とでは比較にならない。弥生人がこの後、全土にわたって席捲していくのは、きわめて当然の成り行きであるだろう。

弥生人が平野部に集落を築いたのに対して、縄文人は山や島に依拠した。つまり、平地人に対する山人（島人）である。

東人は、古くから鬼神を信仰している。東に太平洋をのぞむところから、常世の国への憧れと怖れとを常に持つことが、異人への信仰へと昇華されたのかもしれない。海岸に漂着した異人（渡来人）を「鬼」とした記事が、『古今著聞集』承安元年（一一七一年）の段に見える。鬼は八尺から九尺ほどもある巨人で、髪は夜叉のようであり、肌は赤黒く、それぞれが六尺から七尺もの杖を持っていると録されている。吉備の温《う》羅《ら》も製鉄技術をもたらしたとされて、つまりどちらも渡来人、まれびとであるだろう。彼らのように土着の人々の中へ進んで入って鬼に擬せられた者もいれば、山奥や離島にとどまって、やがては退治される対象になってしまった者もいるだろう。女木島を始めとして、鬼ヶ島とされた離島は全国各地に偏在していることからも容易に想像がつく。ヤマトの国政が安定に向かうとともに、これらは一つ一つ征討されて、いずれも短期間の記憶として残るのみであった。

読者はすでにお気付きのことと思うが、私が本書で本来の「鬼」と呼ぼうとしているのは、漂着外国人や渡来人、犯罪者を除けば、「縄文人」のことである。

最近の医学科学の成果によれば、現代の私たち日本人には、縄文の血というものが一五パーセント前後流れていることについてはすでに触れた。むろん、ゼロに限りなく近い人もいれば、一〇〇に限りなく近い人もいるだろう。いま、本書を読んでいるあなたがどういう人であるかはわからないが、まもなくDNA解析が気軽におこなわれるようになり、そういった遺伝上の区分も明確に認識されるようになるだろう。

すなわち、日本人は、多かれ少なかれ鬼の血筋であり、だからこそ縄文への親近感があるのだろうと私は考えている。

柳田国男が『山の人生』などに代表される日本人論を中途で放棄したのは、もしかすると、彼の論理を突き詰めてゆくと、東北の人々が鬼の末裔ということになるため、筆を折ったのではないかとさえ思われる。当時、鬼は、まだまだマイナス・イメージであったのだ。

しかし三ツ石神社（岩手県盛岡市）にある鬼の手形は、鬼への思慕であろう。それが本物か否かは別としても、そのように人々が思い込んで、その由来や伝説を半ば自然発生的に生み出して、代々伝えるだけの親近感があったのだ。

縄文人にとって、鬼はかつて味方であり、時には庇護者でもあった。ヤマトの政治・軍事・宗教に征服された人々は、鬼となって闘ってくれた者を追憶し、鬼という土俗神として懐かしんだのだ。いつかまた顕れて、自分たちの救済者になるかもしれないという期待を抱いていたのだ。東北や九州が「鬼祭り」の宝庫であるのは、縄文信仰が今なお残っているという証しであるだろう。

鬼は、縄文人の成れの果てであろう。後世、異国からの漂流者や、怨霊の化身なども鬼とされたが、それらはイメージが一人歩きした結果の副産物であったり、恐怖心が作り出した幻影であって、文化的亜流と解釈すべきだろう。

熊野や三輪など全国の主なカンナビに見るように、いずれも縄文神信仰が根底にある。そしてこれらはたまたま鬼の形を選ばなかったというだけで、鬼信仰と同質のものである。

ヤマトの神と異なり、アヅマの神は身近であった。来訪神も土偶も石神も、人ならぬ存在となって、福をもたらす。

縄文神ではないが、吉備に現れた鬼（温羅）は、この地に製鉄技術をもたらした。つまり吉備地方に豊かさをもたらして、平和に統治したのであろう。にもかかわらず、崇神天皇十年、吉備津彦命によって征討されて、この政変は「鬼退治」として大々的に広報された。しかし温羅が悪事を働いたという伝承は皆無であって、それどころか関連遺跡も吉備津彦よりはるかに多い。つまり、この地域の人々に親しまれていた証左であろう。それは繁栄と平和への貢献と考えてよいだろう。

しかしヤマトにとっては、中央集権を邪魔する者、従わぬ者、すなわちまつろわぬ者でしかなかったということである。

温羅を鬼と見做して吉備津彦に退治させたのは、武力行使の正当化であるだろう。古来、害悪をもたらす鬼の伝承は、温羅を退治するための格好の大義名分でもあったのだ。だから温羅は怨霊になりかけた。吉備津神社で慰霊鎮魂されるまで、将門の首と同様にうなり続けたのである。阿蘇の鬼八も、首となってもうなり続け、霜の宮に慰霊されて初めて鎮まった。将門も温羅も、またその他の鬼に擬せられた多くのまつろわぬ者たちは、あたかも悪鬼であったから退治されたかのように伝えられているが、それは擬せられた者たちにとっても、また鬼にとっても侮辱以外のなにものでもないだろう。

元々の鬼は、福をもたらす「かみ」であった。

しかしまつろわぬゆえに貶《おとし》められて悪鬼とされて、後世には悪の権化、叛逆の代名詞として扱われるようになったのだ。すなわち、東北地方を始めとして全国各地に残る「鬼まつり」は、元々の「おに」への思慕であり追憶である。無形文化遺産への登録を機に、日本の「おに」の復権を、願うばかりである。

あとがき――鬼からのメッセージ

「鬼」の本は、たくさんある。民俗学系から文学系など次々に参画して、大きな書店にはコーナーが設けられるほどである。

しかし本書は、鬼についての概論や入門ではない。そのように教科書的なものは巷にいくらでもある。総括すれば、これまでの主流は「民俗学的研究」であったが、近年は「文学的研究」が人気のようだ。

二十年ほどまえに、私が「風水および陰陽五行説」との関係を指摘して以来、その方面での研究もちらほら見かけるようになったが、残念ながら私の説をなぞるのみで、新たな深化が見られない。

そこで、私がふたたび手を染めて、さらなる深化に取り組むこととした。

しかしながら鬼に関する伝説は荒唐無稽なものがきわめて多い。時間の経過と共に潤色脚色されてそうなることもあれば、恣意的な創作もあるだろう。いずれにしても、それらが空想の産物であることは、いわば「お約束」なので、進んで耽溺したいと思う人はおおいに楽しめばよいし、そうでなければ実録のみに限ればよい。そして私は、そういった荒唐無稽な空想にはあまり興味がない。何故ならば、空想幻想は基本的に解き明かす必要がないからだ。つまり、私の出る幕ではないということだ。

私は、鬼の正体が知りたい。

誕生の秘密を解き明かし、日本人とともに連綿と生き続けてきた（もしかすると成長し続けてきた）、その正体を知りたい。本書は、その正体に新たな照明を当てたものである。これが、私の希求である。

ただし、今回は、論理の詳細な隙間を埋めるだけの紙幅がなく、論理的資料的保証に頼らない主観を提示している部分も散見されると思うが、ご容赦願いたい。それらは研究課題としてのテーマを提示するものである。

なにしろ私は、鬼の末裔である。否、正しくは、私は鬼である。ツノこそ生えていないが、私は鬼の血をひく者である。

鬼を先祖に持つ日本人は、いくつか知られている。京都の八瀬集落に住む人々は古くから天皇の棺《ひつぎ》を担《かつ》ぐ専従者（輿丁《よちょう》）として知られており、八瀬童子《やせどうじ》と呼称されている。伝説では、伝教大師が使役した鬼の子孫とされている。

他にも同様に高僧に仕えた鬼の子孫を名乗っている家系もいくつか知られるが、いずれも「仏僧の使徒」であるという共通点があるようだ。なにやら本書本文でふれたように、征服された先住民のような匂いがする。

私の家系はこれらとは異なる種類の系譜である。わが家の家紋は〇の中に丹と描く。戦国時代からの先祖たちの墓石には、その家紋が一基残らず浮き彫りになっている（それ以前は調べてないので不詳だが）。

これは鎌倉時代に活躍した武士の源流、武蔵七党の一つである「丹党」に由来する。そして「丹」とは、周知のように辰砂《しんしゃ》のことである。古くは丹治《たじ》氏、丹治比《たじひ》氏なども名乗った。「たじひ」とは蝮《まむし》の古名で、人に害をなし怖れられるものを意味する。

丹党は、辰砂を財源とすることで古代に栄えていた。関東における「丹（に）」の「王」であったのだ。これを通称「王丹《おに》」と称した。武蔵国の丹が尽きるまでは、この地で大いに栄えていた（その後、採掘し尽くしてあっという間に零落した）。もっとも通称の王丹が、意味的には漢風で「丹の王」（丹を統括する者）なのか、それとも和風で「王の丹」（丹の管理者として任命されている者）なのか判然しないが、丹の研究はあらためて取り組む機会もあるだろう。鬼の顔が赤いのも、丹に由来するのかも、などと空想している。

ちなみに丹の発掘と利用法は、渡来の技術である。古い時代の科学でもあった道教の技術として渡来した。その渡来の人々は、古来土俗のオニ信仰と合体したのだろう。由来はそれぞれ異なるものの、「まつろわぬ」という一点で東人《あずまびと》に自然に受け入れられたのだ。本文でも仄《ほの》めかしたが、古代において、東人も渡来人も「まつろわぬ」という一点で共通した。

ところで、わが家の前は公園で、土日ともなれば子どもたち（小学生）の遊ぶ歓声でまことににぎやかだ。その中に、けっこう聞く機会のあるのが、「鬼ごっこ、しよう！」という呼びかけである。私が幼少の頃でも、すでに古風な遊びだったのに、それから五十年以上経ってなお親しまれている遊びであるとは意外であった。私は「鬼ごっこ」は、単に幼稚な遊びと思っていたが、そうでもないらしい。「目隠し鬼」という遊びでお馴染みの、

「鬼さんこちら、手の鳴るほうへ」

も、おきまりのフレーズだ。

しかしこれって、よく考えてみると、親しみを込めて鬼を招いているではないか。鬼は忌避するものではなかったのか。

「鬼は外」は、年中行事としてお馴染みだ。

まあ、もっとも、「鬼さんこちら」は日常の遊びだから、ハレとケの区別になっているのかな。ハレの日とは、祭りの日であるから、鬼は疎外されるのかもしれない。つまり「まつろわぬ者（祭りに参加しない者）」ということであるだろう。普段は親しんでいる鬼たちも、その日ばかりは外に追われるのだ。

本文でもふれたが、死ねば誰でも「おぬ」者になる。否、「おぬ」ということは「いない」ということなのだから、正しくは「いなくなる」ということだ。「おに」になるとは、そういうことで、だから誰もが皆、いずれ「おに」になるのだ。つまり「おに」とは、私たちの「成れの果て」なのであろう。私もあなたもいずれ「おに」になるのだ。だから、活躍すれば「鬼神の如く」であり、死ねば「鬼籍に入る」のであろう。

余談であるが、かねてから私は、本を一冊上梓する毎に自らの寿命を大きく縮めているような気がしていたが、それについて友人の一人が「真理《タブー》にふれているからではないか」と指摘した。そうかもしれない。真理真相を究明するためには、私は鬼にも蛇にもなろうではないか。

鬼なるものは、すべて人のうちにある。だからこの後に、風神になるか、それとも地獄の獄卒になるか、それは今後次第であるのだろう。むろん私も、そしてあなたたちも。

平成三十一年如月

戸矢 学

文庫版あとがき

『鬼とは……』が文庫版として刊行されると聞いて、私は欣鬼雀躍した。というのも本書はもともと高校生や大学生も気軽に手に取って、いろんな場所で拾い読みしてほしいと願っていたからだ。なにしろ「鬼」は、日本史のキーワードである。古来、日本人はあらゆるシーンで「鬼」を見てきた。生身の鬼も、幻想の鬼も、悪鬼も善鬼も。だからその本質を知ることで、多くの謎が解けることになる。そしてそれは、ひいては日本という国の、あるいは日本人という民族の成り立ちに深く迫ることになるだろう。文庫版になったことで、価格も形態も手軽になったのだから、まだのかたはこれを機に、ぜひ「鬼」の正体に近づいてほしいと願っている。

令和六年新春

戸矢 学

主な参考資料（＊発行年順）

『古今著聞集』岩波書店　昭和四十一年
『海上の道』柳田国男　筑摩書房　昭和四十二年
〈定本　柳田国男集〉筑摩書房　昭和三十七～四十六年
『平将門故蹟考』織田完之　崙書房　昭和四十八年
〈折口信夫全集〉中央公論社　昭和五十～五十一年
『鬼の研究』知切光歳　大陸書房　昭和五十三年
『鬼・鬼瓦』小林章男・中村光行監修　ＩＮＡＸ出版　昭和五十七年
『鬼神の解剖』永澤要二　汲古書院　昭和六十年
『天翔るシンボルたち』張競　農文協　平成十四年
『日本の鬼』近藤喜博　講談社　平成二十二年
『「伝説」はなぜ生まれたか』小松和彦　角川学芸出版　平成二十五年
『史蹟　将門塚の記』史蹟将門塚保存会　平成二十九年
他

●参照自著

『怨霊の古代史』河出書房新社　平成二十二年

『ヒルコ　棄てられた謎の神』河出書房新社　平成二十二年

『神道と風水』河出書房新社　平成二十五年

『富士山、2200年の秘密』かざひの文庫　平成二十六年

『諏訪の神』河出書房新社　平成二十六年

『縄文の神』河出書房新社　平成二十八年

他

その他、多くの図書資料、映像資料等を参考としています。各々の著者・編集者に深く謝意を表します。

なお、自著引用は各テーマに相応しいよう適宜に省略あるいは改稿補筆しております。各論の詳細は当該各書をご参照ください。

また、本文中に引用されている記紀をはじめとする古文献の書き下し文および訳文は、とくに但し書きのない限りすべて著者自身による書き下しおよび訳によるものです。

＊本書は、二〇一九年五月小社刊の単行本を文庫化したものです。

鬼《おに》とはなにか

まつろわぬ民《たみ》か、縄文《じょうもん》の神《かみ》か

二〇二四年 三 月一〇日 初版印刷
二〇二四年 三 月二〇日 初版発行

著　者　戸《と》矢《や》学《まなぶ》
発行者　小野寺優
発行所　株式会社河出書房新社
〒一五一－〇〇五一
東京都渋谷区千駄ヶ谷二－三二－二
電話〇三－三四〇四－八六一一（編集）
〇三－三四〇四－一二〇一（営業）
https://www.kawade.co.jp/

ロゴ・表紙デザイン　粟津潔
本文フォーマット　佐々木暁
本文組版　有限会社マーリンクレイン
印刷・製本　中央精版印刷株式会社

Printed in Japan ISBN978-4-309-42089-9

ツクヨミ　秘された神

戸矢学　41317-4

アマテラス、スサノヲと並ぶ三貴神のひとり月読尊。だが記紀の記述は極端に少ない。その理由は何か。古代史上の謎の神の秘密に、三種の神器、天武、桓武、陰陽道の観点から初めて迫る。

三種の神器

戸矢学　41499-7

天皇とは何か、神器はなぜ天皇に祟ったのか。天皇を天皇たらしめる祭祀の基本・三種の神器の歴史と実際を掘り下げ、日本の国と民族の根源を解き明かす。

ニギハヤヒと『先代旧事本紀』

戸矢学　41739-4

初代天皇・神武に譲位した先代天皇・ニギハヤヒ。記紀はなぜ建国神話を完成させながら、わざわざこの存在を残したのか。再評価著しい『旧事記』に拠りながら物部氏の誕生を考察。単行本の文庫化。

天皇と賤民の国

沖浦和光　41667-0

日本列島にやってきた先住民族と、彼らを制圧したヤマト王朝の形成史の二つを軸に、日本単一民族論を批判しつつ、天皇制、賤民史、部落問題を考察。増補新版。

日本の聖と賤　中世篇

野間宏／沖浦和光　41420-1

古代から中世に到る賤民の歴史を跡づけ、日本文化の地下伏流をなす被差別民の実像と文化の意味を、聖なるイメージ、天皇制との関わりの中で語りあう、両先達ならではの書。

日本の偽書

藤原明　41684-7

超国家主義と関わる『上記』『竹内文献』、東北幻想が生んだ『東日流外三郡誌』『秀真伝』。いまだ古代史への妄想をかき立てて止まない偽書の、荒唐無稽に留まらない魅力と謎に迫る。

神さまってなに？

森達也　41509-3

宗教とは火のようなもの。時に人を温めるが、時に焼き殺すこともある——現代社会で私たちは宗教とどのように対峙できるのか？　宗教の誕生した瞬間から現代のかたちを通じて、その可能性を探る。

日本人の神

大野晋　41265-8

日本語の「神」という言葉は、どのような内容を指し、どのように使われてきたのか？　西欧のGodやゼウス、インドの仏とはどう違うのか？　言葉の由来とともに日本人の精神史を探求した名著。

知っておきたい日本の神様

武光誠　41775-2

全国で約12万社ある神社とその神様。「天照大神や大国主命が各地でまつられるわけは？」などの素朴な疑問から、それぞれの成り立ち、系譜、ご利益、そして「神道とは何か」がよくわかる書。

隠された神々

吉野裕子　41330-3

古代、太陽の運行に基き神を東西軸においた日本の信仰。だが白鳳期、星の信仰である中国の陰陽五行の影響により、日本の神々は突如、南北軸へ移行する……吉野民俗学の最良の入門書。

日本書紀が抹殺した　古代史謎の真相

関裕二　41771-4

日本書紀は矛盾だらけといわれている。それは、ヤマト建国の真相を隠すために歴史を改竄したからだ。書記の不可解なポイントを30挙げ、その謎を解くことでヤマト建国の歴史と天皇の正体を解き明かす。

応神天皇の正体

関裕二　41507-9

古代史の謎を解き明かすには、応神天皇の秘密を解かねばならない。日本各地で八幡神として祀られる応神が、どういう存在であったかを解き明かす、渾身の本格論考。

古事記

池澤夏樹〔訳〕 41996-1

世界の創成と、神々の誕生から国の形ができるまでを描いた最初の日本文学、古事記。神話、歌謡と系譜からなるこの作品を、斬新な訳と画期的な註釈で読ませる工夫をし、大好評の池澤古事記、ついに文庫化。

現代語訳 古事記

福永武彦〔訳〕 40699-2

日本人なら誰もが知っている古典中の古典「古事記」を、実際に読んだ読者は少ない。名訳としても名高く、もっとも分かりやすい現代語訳として親しまれてきた名著をさらに読みやすい形で文庫化した決定版。

現代語訳 日本書紀

福永武彦〔訳〕 40764-7

日本人なら誰もが知っている「古事記」と「日本書紀」。好評の『古事記』に続いて待望の文庫化。最も分かりやすい現代語訳として親しまれてきた福永武彦訳の名著。『古事記』と比較しながら読む楽しみ。

日本迷信集

今野圓輔 41850-6

精霊送りに胡瓜が使われる理由、火の玉の正体、死を告げるカラスの謎……“黒い習俗”といわれる日本人のタブーに対して、民俗学者の視点からメスを入れた、日本の迷信集記録。

禁忌習俗事典

柳田国男 41804-9

「忌む」とはどういう感情か。ここに死穢と差別の根原がある。日本各地からタブーに関する不気味な言葉、恐ろしい言葉、不思議な言葉、奇妙な言葉を集め、解説した読める民俗事典。全集未収録。

葬送習俗事典

柳田国男 41823-0

『禁忌習俗事典』の姉妹篇となる１冊。埋葬地から帰るときはあとを振り返ってはいけない、死家と飲食の火を共有してはいけないなど、全国各地に伝わる風習を克明に網羅。全集未収録。葬儀関係者に必携。

口語訳 遠野物語

柳田国男　佐藤誠輔〔訳〕　小田富英〔注釈〕 41305-1

発刊100年を経過し、いまなお語り継がれ読み続けられている不朽の名作『遠野物語』。柳田国男が言い伝えを採集し簡潔な文語でまとめた原文を、わかりやすく味わい深い現代口語文に。

知れば恐ろしい 日本人の風習

千葉公慈 41453-9

日本人は何を恐れ、その恐怖といかに付き合ってきたのか?!　しきたりや年中行事、わらべ唄や昔話……風習に秘められたミステリーを解き明かしながら、日本人のメンタリティーを読み解く書。

核DNA解析でたどる　日本人の源流

斎藤成也 41951-0

アフリカを出た人類の祖先は、いかにして日本列島にたどりつき「ヤポネシア人」となったのか。中国人・東南アジア人ともかけ離れた縄文人のDNAの特異性とは？先端科学を駆使した知的謎解きの書！

四天王寺の鷹

谷川健一 41859-9

四天王寺は聖徳太子を祀って建立されたが、なぜか政敵の物部守屋も祀っている。守屋が化身した鷹を追って、秦氏、金属民、良弁と大仏、放浪芸能民と猿楽の謎を解く、谷川民俗学の到達点。

お稲荷さんと霊能者

内藤憲吾 41840-7

最後の本物の巫女でありイタコの一人だった「オダイ」を15年にわたり観察し、交流した貴重な記録。神と話し予言をするなど、次々と驚くべき現象が起こる、稲荷信仰の驚愕の報告。

陰陽師とはなにか

沖浦和光 41512-3

陰陽師は平安貴族の安倍晴明のような存在ばかりではなかった。各地に、差別され、占いや呪術、放浪芸に従事した賤民がいた。彼らの実態を明らかにする。